泰山学院引进人才科研启动基金项目（Y-

ChanYe ZhengCe Yu
QiYe ChuangXin

产业政策与
企业创新

贾莉莉◎著

经济管理出版社
ECONOMY & MANAGEMENT PUBLISHING HOUSE

图书在版编目（CIP）数据

产业政策与企业创新/贾莉莉著.—北京：经济管理出版社，2022.12
ISBN 978-7-5096-8861-8

Ⅰ.①产…　Ⅱ.①贾…　Ⅲ.①产业政策—研究—中国 ②企业创新—研究—中国
Ⅳ.①F269.22 ②F279.23

中国版本图书馆 CIP 数据核字（2022）第 248674 号

组稿编辑：张馨予
责任编辑：杜　菲
责任印制：黄章平
责任校对：陈　颖

出版发行：经济管理出版社
　　　　　（北京市海淀区北蜂窝 8 号中雅大厦 A 座 11 层　100038）
网　　　址：www.E-mp.com.cn
电　　　话：(010) 51915602
印　　　刷：唐山玺诚印务有限公司
经　　　销：新华书店
开　　　本：720mm×1000mm/16
印　　　张：10.5
字　　　数：137 千字
版　　　次：2022 年 12 月第 1 版　　2022 年 12 月第 1 次印刷
书　　　号：ISBN 978-7-5096-8861-8
定　　　价：98.00 元

前　言

　　政府推行产业政策是为了达到产业结构调整和优化升级的目的，而微观企业创新是实现这一宏观经济目标的主要动力之一。在已有的研究中，关于产业政策对企业技术创新影响的研究结论不尽一致，且对产业政策影响企业创新的内在作用机制的研究相对缺乏。本书以2011~2019年中国上市公司为样本，利用"十三五"规划实施这一政策变更，运用双重差分分析法对产业政策对企业创新投入和创新产出的影响进行分析，并运用中介效应理论研究其内在作用机制。研究表明，产业政策能够促进被扶持企业的创新投入，且影响程度呈"先降后升"的动态变化趋势；产业政策对被扶持企业的创新产出有抑制作用，但效果不显著。进一步研究表明，无论是作为选择性产业政策工具的政府补贴与税收优惠政策，还是作为功能性产业政策工具的市场化进程和市场集中度，均对产业政策对企业创新投入的影响起到了中介效应，且为部分中介效应。其中，政府补贴、税收优惠与市场化进程为促进性作用，而市场竞争能促进产业政策的激励作用，但结果不显著。进一步进行各因素中介效应对比分析，结果显示政府补助对企业创新投入的中介效用最大，其后是税收优惠及市场化进程，产品市场竞争的中介效用最小。此外，从产权性质和企业规模两个角度来分析，产业政策对不同异质性企业的创新投入与产出的作用均不同。产业政策能够激励国有企业和大规模企业的创新投入，但在创新产出方面，对非国有企业和大规模企业的抑制作用显著。上述结论使我们能够更好地了解中国产业政策对企业创新投入和产出的影响及其作用机制，并为今后促进企业创新的宏观产业政策的制定与实施提出有用的建议与意见。

目　录

第一章
引 言

一、研究背景

（一）研究的理论背景

创新是国家技术进步、竞争力提升和经济发展的发动机，是企业生存、增长和发展的驱动力（Kolluru and Mukhopadhaya，2017），创新的源泉在于 R&D（Research and Development），因此 R&D 投入是创新、未来增长和竞争的关键（Montmartin and Massard，2015）。企业是创新活动的主体，但由于知识创造的过程中充满着高风险和不确定性、资本市场存在的欠缺以及研发的公共物品属性（Dimos and Pugh，2016）等造成了私人收益与社会收益之间的差距，由此产生了市场失灵现象，因而我们发现经济学中有效市场的假说往往是不成立的（Stiglitz and Greenwald，2017）。而国家制定产业经济政策的目标之一就是要减少这种不确定性所带来的消极后果，以期通过政策的实施达到推动创新投资、提高创新效率的目的（Fukuyama，2015），从而更好地激励创新，以发挥政府在创新资源配置中的引导作用。为此，政策制定者以创新政策激励企业 R&D 活动的投入和提高创新过程的效率，以增强企业竞争力和促进经济发展（Tevdovski et al.，2017）。通过创新产业政策，政府扮演投资人角色，从金融方面支持企业的 R&D 活动（Kolluru and Mukhopadhaya，2017）。

产业政策是指中央或地方政府为了促进某种产业或者某个地区的发展，有意识地采取的各项政策措施（林毅夫等，2016），它在世界各国被广泛地应用。在中国当代产业发展的历史中，产业政策作为政府引导产业发展方向、提升产业技术水平、提高产业国际竞争力，进而实现经济发展目标的手段，更被广泛运用。尤其是进入 21 世纪，随着自然资源、廉价劳动力和其他要素禀赋的逐渐削弱，创新已经成为中国构建国家核心竞争力最主要的驱动力，因此中国对产业政策的运用超过了世界上绝大多数国家，成为运用产业政策干预社会经济发展最明显的国家之一（江飞涛、李晓萍，2010）。

产业政策通过淘汰和限制过剩行业、鼓励和扶持先进生产力以达到实现国家的产业结构优化升级的目的（江飞涛、李晓萍，2010）。为了实现产业政策的目标，政府通过制定产业发展规划，并按照规划确定的方向制定具体的实施措施以保障政策的实施。产业发展规划是政府运用产业政策来调控经济发展和产业结构的纲领性文件，中国的产业政策范围广泛、形式繁多，其中每五年出台的五年发展规划纲要就是对未来五年的产业发展进行系统的规划，是我国产业政策的纲领性文件（Chen et al.，2017）。例如，1986 年批准通过的《中华人民共和国国民经济和社会发展第七个五年计划》首次在国家五年计划中明确提出产业政策，自此我国正式开始运用产业政策来指导产业的发展。在随后的国家五年发展规划中，规划纲要会明确未来五年我国重点发展的行业以及相应扶持措施，在中央颁布规划纲要后，相关部门按照其基本要求制定较为详细的具体实施方案（宋凌云、王贤彬，2013），如行政部门将落实审批手续，科技部门将设立相关的研发项目或成立研发中心，财政部门将针对产业政策支持的行业选择性地对企业进行补贴，税务部门将出台对应的税收优惠政策，各级政府也会出台相关产业政策,对被鼓励发展的行业提供更为宽松的政策环境,并引导各类资源向其倾斜,提高受鼓励发展行业的资源占有量,促使相关行业得到发展。很明显,受扶持发展的行业和非扶持发展的行业所处的发展环境和所能获取的资源均有着显著的差异,通过产业政策来指导和影响微观经济活动,逐步成为我国政府干预社会经济发展的重要手段(韩乾、洪永森,2014)。

(二)研发投入现状分析

与中国相同,为了促进创新发展,国外许多国家都设立了研发的投资目标,如 2020 年欧盟 R&D 投入占 GDP 的比例为 3%,OECD(经济合作与发展组织)各国家设立了类似的目标(Montmartin and Massard,2015)。OECD国家几十年来投入大量的公共资金用于激励企业创新活动(Klette et al.,2000),根据 Bloom 等(2019)整理 OECD 国家的 R&D 支出数据和联合国教科文组织统计研究所的研发统计数据可知,世界各国的 R&D 支出及其占 GDP 的比例呈不断增长趋势(见表 1-1 和图 1-1 及表 1-2 和图 1-2)。

表 1-1　2013~2020 年世界主要国家研发总支出一览

单位:十亿美元

年份 国家	2013	2014	2015	2016	2017	2018	2019	2020
美国	454.82	476.46	495.09	516.59	548.98	581.55	657.50	700.40
中国	335.22	372.33	409.42	453.05	499.10	554.33	623.79	687.16
日本	164.66	169.55	168.55	164.76	170.90	176.76	177.11	177.61
德国	102.91	109.56	114.13	119.92	132.00	137.88	144.86	142.01
韩国	68.23	73.10	76.93	80.47	90.98	99.63	103.49	107.03
印度	47.52	51.65	55.70	58.98	63.90	68.24	—	—
法国	58.35	60.59	61.65	62.48	65.27	66.82	70.48	72.95
英国	41.53	43.81	45.68	47.42	50.37	52.15	52.81	—
俄罗斯	38.61	40.33	38.78	38.74	41.87	40.10	49.56	46.66

续表

国家＼年份	2013	2014	2015	2016	2017	2018	2019	2020
意大利	28.46	29.45	30.00	32.46	34.17	35.20	35.66	35.16
以色列	11.27	11.73	12.67	14.44	16.31	17.52	18.76	20.30
澳大利亚	12.01	12.86	13.15	14.11	14.47	15.58	—	—

资料来源：根据联合国教科文组织统计研究所（UIS）2019~2022年发布的数据整理。

（十亿美元）

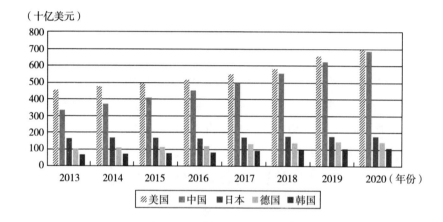

图 1-1　2013~2020 年世界主要国家研发总支出比较

资料来源：根据联合国教科文组织统计研究所（UIS）2019~2022年发布的数据整理。

表 1-2　2013~2020 年世界主要国家研发总支出占 GDP 比重一览

单位：%

国家＼年份	2013	2014	2015	2016	2017	2018	2019	2020
以色列	4.09	4.17	4.26	4.51	4.66	4.80	5.14	5.44
韩国	4.15	4.29	3.98	3.99	4.29	4.52	4.63	4.81
美国	2.71	2.72	2.72	2.76	2.82	2.84	3.17	3.45
日本	3.31	3.40	3.24	3.11	3.16	3.22	3.20	3.26
德国	2.82	2.87	2.93	2.94	3.05	3.11	3.17	3.14

续表

年份 \ 国家	2013	2014	2015	2016	2017	2018	2019	2020
澳大利亚	2.95	3.08	3.05	3.12	3.06	3.09	3.13	—
法国	2.24	2.28	2.23	2.22	2.20	2.20	2.19	2.35
中国	2.00	2.03	2.06	2.10	2.12	2.14	2.24	2.40
英国	1.64	1.66	1.63	1.64	1.70	1.70	1.70	1.70
俄罗斯	1.03	1.07	1.10	1.10	1.11	0.99	1.03	1.10
印度	0.71	0.70	0.69	0.67	0.67	0.66	—	—

资料来源：根据联合国教科文组织统计研究所（UIS）2019~2022 年发布的数据整理。

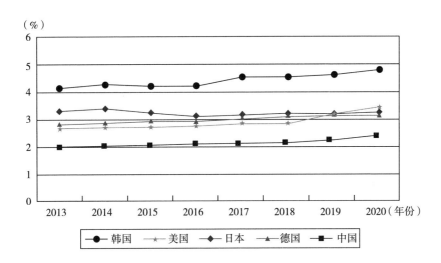

图 1-2 2013~2020 年世界主要国家研发总支出占 GDP 比重比较

资料来源：根据联合国教科文组织统计研究所（UIS）2019~2022 年发布的数据整理。

创新是通过"创造性破坏"来促进增长（Schumpeter，1942），技术进步是人均收入可持续增长的重要源泉（Solow，1956），而技术之所以进步就在于研发活动。通过图 1-1 和图 1-2 可知，中国的 R&D 投入规模逐年增长，仅次于美国，且差距越来越小，从规模的角度来看，优势明显。但从 R&D 投入占 GDP 的比重来看，我国的情况与以色列、韩国、美国和日本相比仍有较大差距。从表 1-2 可以看出，2020 年 R&D 支出占 GDP 比例排名前 3 的国家分别为以色列（5.44%）、韩国（4.81%）和美国（3.45%），尤其是美国的研发支出增长迅速。2020 年中国 R&D 总支出已经达到了 687.16 亿美元，全球排名第 2，R&D 支出占 GDP 比例在连年上升，但是直到 2020 年也仅为 2.40%，名列第 8，刚刚达到 OECD 国家 2018 年的平均水平。

具体而言，中国各年 R&D 经费支出情况如表 1-3 所示。

表 1-3　2009~2020 年中国 R&D 经费支出数据一览

指标 年份	R&D 经费 支出（亿元）	R&D 支出占 GDP 比重（%）	企业 R&D 经费 支出（亿元）	企业 R&D 占比（%）
2009	5802.10	1.66	3944.90	67.99
2010	7062.60	1.71	4809.00	68.09
2011	8687.00	1.78	6118.00	70.42
2012	10298.40	1.91	7842.20	76.15
2013	11846.60	2.00	9075.80	76.61
2014	13015.63	2.03	10060.60	77.30
2015	14169.88	2.07	10881.35	76.79
2016	15676.75	2.12	12143.96	77.46
2017	17606.13	2.15	13660.23	77.59
2018	19677.93	2.19	15233.72	77.42
2019	22143.58	2.24	16921.80	76.42
2020	24393.11	2.40	18673.80	76.55

资料来源：根据《中国科技统计年鉴（2021）》整理。

中国各年 R&D 经费支出的规模和 R&D 经费支出在 GDP 中所占的比重两个项目都在逐年上涨，企业 R&D 经费支出增长明显，而企业 R&D 支出占总 R&D 支出的比重基本保持在 67% 以上，说明企业仍是我国创新的主力。

此外，从事研发的人员数量也是衡量各国科研可持续发展能力的重要

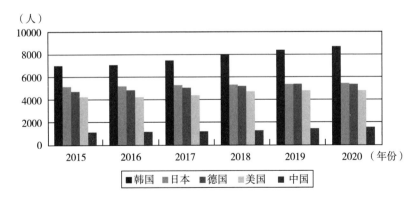

指标，国际上常用每百万居民研发人员的全时当量（Full‐Time Equivalent，FTE）指标来衡量，从该指标可以发现，各国的研发人力资本的储备也有所差距，具体如表1-4和图1-3所示。

表1-4 2015~2020年世界主要国家每百万居民研发人员（FTE）比较一览

单位：人

年份 国家	2015	2016	2017	2018	2019	2020
韩国	7013.49	7086.45	7497.60	7980.40	8407.76	8713.59
奥地利	5019.44	5372.24	5387.93	5639.06	5895.44	5751.32
比利时	4711.05	4780.52	4729.55	5003.95	5253.21	5750.14
日本	5173.03	5209.37	5304.14	5331.15	5374.58	5454.68
德国	4743.79	4861.74	5076.52	5217.30	5396.47	5393.15
美国	4269.87	4251.16	4411.70	4748.84	4821.23	—
法国	4336.01	4414.70	4569.91	4699.74	4811.53	4926.19
英国	4319.50	4357.93	4434.97	4554.47	4683.77	—
俄罗斯	3098.11	2952.21	2821.53	2784.33	2746.67	2721.68
意大利	2077.88	2204.08	2313.65	2512.19	2656.05	2671.83
中国	1150.82	1196.69	1224.78	1307.12	1471.25	1584.87

资料来源：根据联合国教科文组织统计研究所（UIS）2022年7月发布的数据整理。

图1-3 2015~2020年部分国家每百万居民研发人员比较

资料来源：根据联合国教科文组织统计研究所（UIS）2022年7月发布的数据整理。

从图 1-3 可以看出，我国每百万居民全职研发人员的数量与发达国家相比还有巨大的差距，这一方面是由于我国人口基数大，另一方面也反映了我国人口素质的现状，这是制约我国科技创新能力提升的一个重要因素。

（三）研发产出现状分析

专利往往被我们认为是创新的成果或产出，下面就专利的现状进行分析。

全球的专利申请数量从 20 世纪七八十年代开始明显上升，这个阶段是以日本和美国为代表的技术革新的兴起带动了全球专利申请数量的增长，进入 21 世纪，由于中国专利申请数量的迅速增加，全世界的专利申请数量达到了一个前所未有的高度。根据世界知识产权组织每年公布的《世界知识产权指标》报告可知，自 2014 年起，在专利、商标和工业品外观设计的知识产权领域，中国的申请量均居世界首位，并一直延续至今。到 2016 年，中国成为全球第一个每年接受专利申请量超百万的国家，因此说中国已经成为全球知识产权发展最主要的国家之一。具体的专利申请、授权及有效专利统计数据如表 1-5 ～ 表 1-8 及图 1-4 ～ 图 1-7 所示。

表 1-5　2013 ～ 2020 年世界主要国家专利申请量国际比较一览

单位：件

年份 国家	2013	2014	2015	2016	2017	2018	2019	2020
全球	2564800	2680900	2888800	3125100	3168900	3325400	3224200	3276700
中国	825136	928177	1101864	1338503	1381594	1542002	1400661	1497159
美国	571612	578802	589410	605571	606956	597141	621453	597172
日本	328436	325989	318721	318381	318481	313567	307969	288472
韩国	204589	210292	213694	208830	204775	209992	218975	226759
德国	63167	65965	66893	67899	67712	67898	67434	62105
印度	43031	42854	45658	45057	46582	50055	53627	56771

续表

年份\国家	2013	2014	2015	2016	2017	2018	2019	2020
俄罗斯	44914	40308	45517	41587	36883	37957	35511	34984
加拿大	34741	35481	36964	34745	35022	36161	36488	34565
澳大利亚	29717	25956	28605	28394	28906	29957	29758	29294
法国	16886	16533	16300	16218	16247	16222	15869	14313

资料来源：根据世界知识产权组织（WIPO）2014~2021 年发布的世界知识产权指标（World Intellectual Property Indicators）整理。

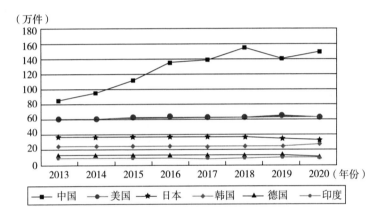

图 1-4　2013~2020 年部分国家专利申请量变化趋势

资料来源：根据世界知识产权组织（WIPO）2014~2021 年发布的世界知识产权指标（World Intellectual Property Indicators）整理。

表 1-6　2013~2020 年世界主要国家专利申请量占比比较　　　单位：%

年份\国家	2013	2014	2015	2016	2017	2018	2019	2020
中国	32.2	34.6	38.1	42.8	43.6	46.4	43.4	45.7
美国	22.3	21.6	20.4	19.4	19.2	18.0	19.3	18.2
日本	12.8	12.2	11.0	10.2	10.1	9.4	9.6	8.8
韩国	8.0	7.8	7.4	6.7	6.5	6.3	6.8	6.9
德国	2.5	2.5	2.3	2.2	2.1	2.0	2.1	1.9

续表

年份\国家	2013	2014	2015	2016	2017	2018	2019	2020
印度	1.7	1.6	1.6	1.4	1.5	1.5	1.7	1.7
俄罗斯	1.8	1.5	1.6	1.3	1.2	1.1	1.1	1.1
加拿大	1.4	1.3	1.3	1.1	1.1	1.1	1.1	1.1
澳大利亚	1.2	1.0	1.0	0.9	0.9	9.0	0.9	0.9
法国	0.7	0.6	0.6	0.5	0.5	4.9	0.5	0.4

资料来源：根据世界知识产权组织（WIPO）2014~2021 年发布的世界知识产权指标（World Intellectual Property Indicators）整理。

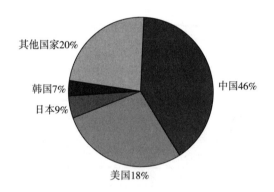

图1-5　2020年各国专利申请量占比

资料来源：根据世界知识产权组织（WIPO）2021 年发布的世界知识产权指标（World Intellectual Property Indicators）整理。

表1-7　2013~2020年世界主要国家专利授权比较　　　单位：件

年份\国家	2013	2014	2015	2016	2017	2018	2019	2020
中国	207688	233228	359316	404208	420144	432147	452804	530127
美国	277835	300678	298407	303049	318829	307759	354430	351993
日本	277079	227142	189358	203087	199577	194525	179910	179383
韩国	127330	129786	101873	108875	120662	119012	125661	134766
俄罗斯	31638	33950	34706	33536	34254	35774	34008	28788

续表

年份\国家	2013	2014	2015	2016	2017	2018	2019	2020
印度	3377	6153	6022	8248	12387	13908	23578	26361
加拿大	23833	23749	22201	26424	24099	23499	22009	21284
澳大利亚	17112	19304	23098	23744	22742	17065	17010	17778
德国	13858	15030	14795	15652	15653	16367	18255	17305
法国	11405	11889	12699	12374	11865	12249	13593	12874

资料来源：根据世界知识产权组织（WIPO）2014~2021 年发布的世界知识产权指标（World Intellectual Property Indicators）整理。

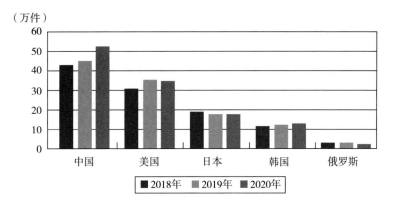

图 1-6　2018~2020 年部分国家专利授权量对比

资料来源：根据世界知识产权组织（WIPO）2021 年发布的世界知识产权指标（World Intellectual Property Indicators）整理。

表 1-8　2013~2020 年世界主要国家有效专利数比较　　单位：件

年份\国家	2013	2014	2015	2016	2017	2018	2019	2020
美国	2387502	2527750	2644697	2763055	2984825	3063494	3131427	3348531
中国	1033908	1196497	1472374	1772203	2085367	2366314	2670784	3057844
日本	1838177	1920490	1946568	1980985	2013685	2054276	2053879	2039040

续表

年份 国家	2013	2014	2015	2016	2017	2018	2019	2020
韩国	812595	885959	912442	950526	970889	1001163	1048079	1096721
德国	569340	576273	602013	617307	657749	703606	772358	834734
法国	500114	510490	520069	535554	563695	602084	640883	674334
俄罗斯	194248	208320	218974	230870	244217	256419	263688	266189
加拿大	153781	161442	166771	175236	180727	184559	187928	192668
澳大利亚	12281	128407	117906	132994	144555	156244	159244	159304
印度	45103	49272	47113	49575	60777	60865	76556	92897

资料来源：根据世界知识产权组织（WIPO）2014～2021年发布的世界知识产权指标（World Intellectual Property Indicators）整理。

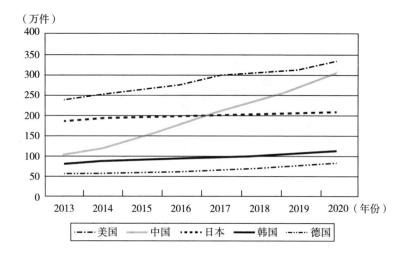

图1-7　2013～2020年部分国家有效专利数变化趋势

资料来源：根据世界知识产权组织（WIPO）2014～2021年发布的世界知识产权指标（World Intellectual Property Indicators）整理。

如上述表、图所示，我国无论是专利申请量还是专利授权数均居世界第一，2020年在全球的专利申请量中占45.7%，远超排名第二的美国（18.2%）和排名第三的日本（8.8%），在数量上已经具有明显的优势，而在有效专利数量方面，2016 年之后我国即达到世界第二，且增速迅猛，快速接近排名第一的美国。这些数据可以清晰地说明，在我国产业政策的激励下，我国创新产出增长迅猛。

此外，为消除 GDP 规模对结果的影响，参考每千亿美元 GDP 的居民专利申请量指标对各国的专利申请情况进行考察（见表 1-9）。

表 1-9　2013~2020 年世界主要国家每千亿美元 GDP 的居民专利申请量一览

单位：件

年份 国家	2013	2014	2015	2016	2017	2018	2019	2020
韩国	3186	3254	3305	3189	3091	3148	3319	8249
中国	519	587	706	874	899	1001	890	5845
日本	2134	2092	2039	2049	2053	2005	1943	4696
德国	917	913	887	890	887	884	884	1609
瑞士	1013	1018	1035	1043	1018	1081	1122	1605
美国	910	894	897	914	902	871	869	1358
澳大利亚	491	475	488	471	488	489	496	956
法国	372	379	375	369	373	369	363	825
英国	305	309	306	290	282	280	272	633
意大利	201	200	200	215	215	220	227	632
俄罗斯	203	169	205	188	160	175	165	625

资料来源：根据世界知识产权组织（WIPO）2014~2021 年发布的世界知识产权指标（World Intellectual Property Indicators）整理。

通过表 1-9 可知，在 2020 年之前，每千亿美元 GDP 的居民专利申请量排名前三位一直是韩国、日本、瑞士，2017 年之前，排名前五位的国家中也无中国的名字，但是 2017 年之后中国的排名逐步上升，2020 年更是上升到第二位，说明我国每单位 GDP 的创新产出在提升，创新的效率也在提高（见图 1-8）。

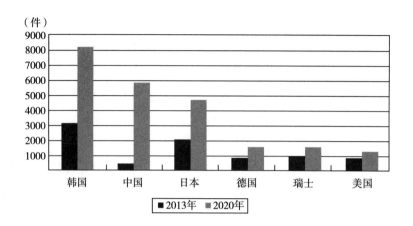

图1-8 2013 年和 2020 年部分国家每千亿美元 GDP 的居民专利申请量对比

资料来源：根据世界知识产权组织（WIPO）2014～2021 年发布的世界知识产权指标（World Intellectual Property Indicators）整理。

从图1-8 可以看出，和 2013 年相比，中国 2020 年的每千亿美元 GDP 的居民专利申请量增速明显，是各国中增长速度最快的国家。

总之，从上述数据可知，到 2020 年，中国专利申请数量 150 万件，占全球总量的 45.7%。从专利授权数来看，2020 年中国授权专利 53 万件，同比增长 17%，有效专利数达到 306 万件，同比增长 14%，仅次于美国的 335 万件有效专利，每千亿美元 GDP 的居民专利申请量也仅次于韩国，位居第二。中国创新能力经过长期发展，专利数量有了较大的增加，整体创新能力提升显著。

二、问题的提出

尽管从上述数据来看，中国的创新投入和创新产出的数量在持续大幅增加，在全球名列前茅，但是创新质量仍有待提高。世界知识产权组织发布的全球创新指数数据显示，中国的创新指数和创新质量在全球的排名仍与发达经济体有一定的差距（见表1-10）。

表1-10 2016~2021年世界主要国家全球创新指数得分及排名一览

国家	2016年		2017年		2018年		2019年		2020年		2021年	
	排名	得分	排名	得分	排名	得分	排名	得分	排名	得分	排名	得分
瑞士	1	66.28	1	67.69	1	68.40	1	67.24	1	66.80	1	65.50
瑞典	2	63.57	2	63.82	3	63.08	2	63.65	2	62.47	2	63.10
美国	4	61.40	4	61.40	6	59.81	3	61.73	3	60.56	3	61.30
英国	3	61.93	5	60.89	4	60.13	5	61.30	4	59.78	4	59.80
韩国	11	57.15	10	57.70	12	56.63	11	56.55	10	56.11	5	59.30
荷兰	9	58.29	3	63.36	2	63.32	4	61.44	5	58.76	6	58.60
芬兰	5	59.90	8	58.49	7	59.63	6	59.83	7	57.02	7	58.40
新加坡	6	59.16	7	58.69	5	59.83	8	58.37	8	56.61	8	57.80
丹麦	8	58.45	6	58.70	8	58.39	7	58.44	6	57.53	9	57.30
德国	10	57.94	9	58.39	9	58.03	9	58.19	9	56.55	10	57.30
法国	18	54.04	15	54.18	16	54.36	16	54.25	12	53.66	11	55.00
中国	25	50.57	22	52.54	17	53.06	14	55.08	14	53.28	12	54.80
日本	16	54.52	14	54.72	13	54.95	15	54.68	16	52.70	13	54.50

资料来源：根据康奈尔大学、欧洲工商管理学院和世界产权组织2016~2021年全球创新指数（The Global Innovation Index）整理。

全球创新指数主要从创新投入和创新产出两个方面来衡量一国的创新情况。创新投入的衡量指标有五个，分别是机构（含政治环境、监管环境、商业环境）、人力资本与研究（教育、高等教育、研发）、基础设施（信息和通信技术、一般基础设施、生态可持续性）、市场成熟度（信用、投资、贸易、多元化和市场规模）、业务成熟度（知识工作者、创新联系、知识吸收）；创新产出的衡量指标有两个，分别是知识与技术产出（知识的创造、知识的影响、知识的扩散）和创意产出（无形资产、创意商品与服务、网络创意）。从表1-10的各年创新指数得分和排名情况来看，瑞士、瑞典、美国和英国在整体排名中靠前，得分基本在 60 分以上；我国的创新指数得分在 50～55 分，排名从 2016 年的全球第 25 位上升到 2021 年的全球第 12 位，在亚洲国家中位居第三。在以高校的质量、发明的国际化水平、研究文献在国外被引用的次数等为衡量指标的创新质量评价方面，中国也从 2013 年的第 19 位上升为 2020 年的第 16 位（2021 年报告无此项排名），在中等收入经济体中居首位。虽然成绩有了一定的提升，但是与我国创新数量的优势相比，仍存在较明显的差距。

此外，通过中国政府补贴分配的变化，也可以看出其对创新产出的影响，如表 1-11 和图 1-9 所示。

表 1-11　2011～2020 年中国政府补贴分布一览

年份	企业		研发机构		高等院校		其他	
	金额（亿元）	占比（%）	金额（亿元）	占比（%）	金额（亿元）	占比（%）	金额（亿元）	占比（%）
2011	288.5	15.32	1106.1	58.74	405.1	21.51	83.2	4.42
2012	363.1	16.35	1292.7	58.19	474.1	21.34	91.5	4.12
2013	409.0	16.36	1481.2	59.23	516.9	20.67	93.5	3.74
2014	422.3	16.02	1581.0	59.97	536.5	20.35	96.3	3.65
2015	463.4	15.38	1802.7	59.83	637.3	21.15	109.8	3.64
2016	449.7	14.32	1851.6	58.95	687.8	21.90	151.8	4.83
2017	469.7	13.47	2025.9	58.09	804.5	23.07	187.3	5.37
2018	491.3	12.35	2285.0	57.43	972.3	24.44	230.1	5.78
2019	648.4	14.29	2582.4	56.91	1048.5	23.10	258.0	5.69
2020	525.3	10.89	2847.4	59.00	1128.0	23.38	324.8	6.73

资料来源：根据历年《中国科技统计年鉴》整理。

如表 1-11 所示，从 2011～2020 年中国政府补贴的分布情况可以看出，政府补贴主要资助的对象仍然是研发机构和高等院校，而政府补贴对企业的投入尽管总额呈不断增加趋势，但是比重从 2014 年以来呈逐年下降的趋势，基本保持在 16% 以下。一方面，这反映了政府补贴在对企业创新方面起到的主要是引导作用；另一方面，科研机构与高等院校和企业不

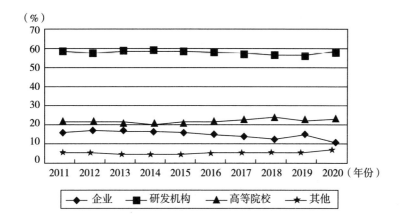

图 1-9 2011～2020 年中国政府补贴分布趋势

资料来源：根据历年《中国科技统计年鉴》整理。

同，它们还面临着将研发成果进行商业化的问题，单纯的研发与将研发成果转化为现实的生产力，获得创新收益，进而促进产业优化升级之间仍然存在较大的距离，这也是我国的专利申请数量在迅速增加的同时，创新质量仍有待提高的原因之一。

产业政策在实施过程中不可避免地会出现诸多问题。例如，部分学者认为，产业政策可以调整和改善"市场失灵"所带来的不足，实现资源的优化配置，进而促进我国产业结构的优化升级，提高国家的竞争力（宋凌云、王贤彬，2013；林毅夫，2012）；有部分学者则持反对态度，认为产业政策并未达到提高产业生产效率的目的，甚至有一部分受扶持的行业还出现了重复投资、产能过剩、投资效率低下等负面效应（舒锐，2013；黎文靖、李耀淘，2014）。例如，各地政府纷纷对光伏产业进行扶持，结果却导致了光伏产业产能严重过剩（江飞涛、李晓萍，2010）。

总体来说，中国的科技水平虽然提升较快，但是大多数企业只能停留在技术含量不高、附加值较低的中低端领域（余泳泽，2011；肖文、林高榜，2014），在核心技术和高端制造方面仍存在明显的短板。创新产出的效率不容乐观，创新质量没有随着创新投入的增长而得到相应的提升，在专利申请和授权中，代表高质量的创新成果如发明专利占比仍较低，且授权率不高，在微观层面上"骗补式创新"与"策略性创新"等问题仍屡见不鲜（申宇等，2018）。同时，伴随着专利申请量飙升，对"专利泡沫"的斥责愈演愈烈。目前大量的研究从政治关联（余明桂等，2010）、公司治理（刘运国、刘雯，2007）、产业政策（黎文靖、郑曼妮，2016）等角度研究企业创新产出，但仍缺乏从制度性因素的角度，特别是从政府资源配置的视角分析中国企业的"专利泡沫"问题。

产业政策是适应经济发展方式转变、引导具有发展潜力和优势的产业落地、推动产业结构优化和升级的重要手段，它的政策效果是关乎国家经济未来发展方向和发展质量的重大问题。各国实施产业政策的手段千差万别，既包括直接干预，也包括间接引导等手段。在此背景下，我国的"十三五"规划纲要中特别强调政府要实施创新驱动发展战略，培育先发优势产业，实现创新发展。那么，中国的产业政策对企业技术创新的影响到底如何？我国的产业政策影响企业创新的渠道或内在机制是什么？这都需要我们进行详细的论证和实证分析，只有深入研究，才能提出促进企业技术创新的更有效的产业政策。通过上述文献的研究结论可以看出，产业政策对企业的扶持作用应不仅体现在创新投入方面，也应重视其创新结果。因此，从产业政策对企业创新投入与创新产出的影响角度来讨论产业政策的实施效果，并进一步研究其影响的内在机制有助于我们更好地了解产业政策是如何影响企业创新投入和产出的，以及影响机理如何，并可以有针对性地提出改进的对策与建议，研究具有较强的理论价值和现实意义。

三、研究目标

产业政策作为一种经济干预手段，引导资源在不同的产业间进行配置，是国家干预产业发展的各种政策的总和，往往被发展中国家频繁使用

（黎文靖、郑曼妮，2016）。作为国家（政府）意志应用在经济领域中重要的体现方式，产业政策往往带有很强的国家战略、政府主导属性。产业政策通过鼓励、限制或淘汰等方式进行资源配置，引导企业投资和生产，以促进产业结构优化、升级。其中，促进创新是实现产业升级的一个重要环节，通过技术创新，可以逐步改变企业的生产经营方式，推动产业优化升级（冯飞鹏，2019）。因此，通过观察企业创新的效果研究产业政策的实施效果，是检验产业政策能否通过促进企业创新，进而促进产业结构优化升级的良好视角。

如文献所言，中国推行的产业政策数量多、形式多样，在经济发展的多个领域发挥着作用（江小涓，1993）。产业政策作为政府参与经济发展的重要手段，在刺激经济增长、缓解金融危机、调整产业结构，抑制产能过剩等诸多方面都发挥着越来越重要的作用。但产业政策的实施效果却一直存有争议（顾昕、张建君，2014；OECD，2013）。那么，我国的产业政策能否弥补市场缺陷，促进产业结构优化升级？还是难以发挥作用，甚至造成了产能过剩呢？

"十三五"规划于2016年推出并实施，规划特别强调了"创新是引领发展的第一动力"，并提出"必须把创新摆在国家发展全局的核心位置"，将创新驱动提到了国家发展战略的高度，提出要"营造激励创新的市场竞争环境"，"加快创新薄弱环节和领域立法"，"优化创新政策供给，形成创新活力竞相迸发、创新成果高效转化、创新价值充分体现的体制机制"。规划的推出以及政策的变更，为我们提供了非常好的机会与视角去研究产业政策对企业创新影响的政策效果。尤其是在国内经济处于"三期叠加"（经济增速换挡期、经济结构调整阵痛期和前期刺激政策消化期）的时期，在当前我国人口红利逐步降低、经济投资收益下降、国际需求不稳定、出口增长乏力的"新常态"背景下，国民经济发展的动力亟须转换，创新经济发展的贡献与作用逐步凸显（黄群慧、李晓华，2015）。"十三五"时期是中国全面建成小康社会即实现"两个一百年"奋斗目标的关键阶段，因此，在此背景下，从对企业创新投入和产出的影响的角度，对"十三五"规划的实施效果进行研究和总结，有助于我们更好地了解宏观产业政策对微观企业创新活动的影响及作用机制，理解其可能存在的问题以及提出优化解决方案，研究具有较大的理论价值和实践意义。

从已有的文献来看，学者分别从投资及其效率（黎文靖、李耀淘，2014）、融资（Chen et al.，2017；连立帅等，2015）、业绩与股价（韩乾、洪永淼，2014；赵卿，2016；连立帅等，2016）、全要素生产率（宋凌云、王贤彬，2013；Aghion et al.，2015）等方面考察产业政策对企业创新的影响，但产业政策对创新有何影响结论不一，且对不同特性的企业有何差异等问题还有待更深入地研究。因此，本书研究目标主要包括三点：①以2011~2019年中国上市公司为样本，利用2016年五年规划的变更构造的双重差分（DID）模型，探讨宏观的产业政策对微观企业创新的影响，即分析"十三五"规划对企业创新投入、创新产出是否有影响以及有何种影响。②运用中介效应理论，从选择性产业政策工具和功能性产业政策工具的应用两方面来探讨产业政策对企业创新影响的作用机制及其效果的评价。③根据研究结论，有针对性地提出产业政策措施的改进建议，以期改善产业政策的效果，提高企业创新的质量。

四、本书研究贡献

第一，利用"十三五"规划实施这一外部政策因素的变化构建双重差分模型，以检验政策的变化对企业创新投入或产出的作用，克服了内生性问题的影响，为研究提供了更为可靠的方法和结论。

第二，已有研究对产业政策对企业创新影响的内在机制往往从每一方面进行研究，而本书比较了中国实施的主要选择性产业政策工具（政府补贴和税收优惠）以及功能性产业政策工具（市场化进程和产品市场竞争），从各种政策工具的应用效果来论证产业政策对企业创新影响的作用机制，具有较强的全面性。

第三，以往的研究往往将产业政策实施的手段直接作为调节变量来进行研究，本书则将各项政策工具作为中介变量，探讨产业政策是如何通过各项政策工具作用于企业创新的，并对产业政策对不同产权与规模的企业创新的影响进行进一步深入研究。

五、本书的主要内容与结构

第一章引言。在研究的背景方面，介绍了创新成为国家发展战略的原因与背景，我国政府力图通过运用产业政策引导企业创新，进而促进产业结构优化升级的现状，并提出本书的研究问题；在研究意义上，更侧重于对产业政策对企业创新的影响及其内在作用机制的分析；在研究的内容与方法上，介绍了基本研究内容框架和主要的研究方法。

第二章文献综述。主要进行与本书研究相关的概念的界定，并对产业政策与创新的相关理论进行梳理，回顾了研究相关的国内外文献。

第三章理论基础与研究方法。主要进行了相关理论的回顾，并对研究主要运用的 DID 分析方法和中介效应分析法进行了介绍。

第四章研究假设与研究设计。基于已有研究，对产业政策对企业创新的影响，以及产业政策通过各种政策工具和手段作用于企业创新能力的中介效应进行分析，继而提出研究假设和变量选取。

第五章分析结果。主要对研究的数据进行实证分析。运用非平衡面板数据，采用双重差分（DID）分析方式检验产业政策对企业创新能力的影响，并运用中介效应分析来检验产业政策如何通过各项政策工具对企业创新发挥作用。

第六章结论与展望。通过对本书的研究结论进行归纳与整理，对产生结论的原因做进一步解释分析，进而根据结论对产业政策的实施提出相关的政策建议。分析研究的不足，并对未来的研究进行展望。

六、研究框架

基于以上研究内容，得到本书的研究框架，如图 1-10 所示。

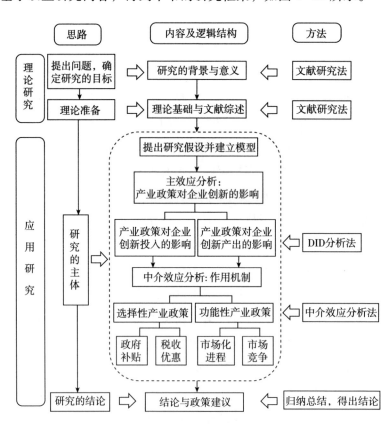

图 1-10　本书的技术路线

一、相关概念

（一）产业政策

产业政策是国家对产业的形成与发展进行干预的各种政策的总和，在理论界，产业政策的概念一直有各家之言。表 2-1 汇总了主要的产业政策概念。

表 2-1 产业政策概念

学者	年份	概念
Johnson	1984	政府为了取得在全球的竞争力而在国内发展或限制各种产业的有关活动的总概括
Saggi	2006	为实现经济增长而试图改变产业部门的生产结构的选择性政府干预措施
Lee 等	2012	分为三个方面：一是为产业发展提供制度环境，如制定公司法和专利法等；二是通过提供研发、培训和教育政策以及鼓励竞争或限制竞争的政策促进产业技术进步；三是鼓励和配置资源进入特定产业或特定区域

学者	年份	概念
黎文靖、李耀淘	2014	政府基于经济发展的需要和目标，通过多种手段调整产业结构和产业组织形式，提高供给总量的增速，使供给结构能够有效地适应需求结构要求的一系列政策措施
韩乾、洪永淼	2014	政府为了实现一定的经济和社会目标而对产业的形成和发展进行干预的各种政策总和
林毅夫	2016	中央或者地方政府为了促进某种产业或地区的发展，有意识地采取的政策措施
张维迎	2016	对私人产品生产领域进行的选择性干预和歧视性对待政策

结合上述对产业政策概念的界定，产业政策主要可以分为选择性产业政策和功能性产业政策两种类型（Lall，2001；周叔莲等，2008）。选择性产业政策主要是指政府通过主动选择来扶持鼓励发展的产业，以期缩短这些产业转型与升级的时间，提高国家竞争力，实现后发国家的"弯道超车"（江飞涛、李晓萍，2010）。功能性产业政策则不是通过政府的主动选择，而是政府通过加强各种基础设施（包括物质性、社会性和制度性基础设施）建设，促进创新投资，维护公平的市场竞争，降低社会交易成本，创造有效率的市场环境，推动技术创新，使市场功能得到发挥的产业政策（黎文靖、郑曼妮，2016；黄先海、陈勇，2003；冯海波、刘胜，2017）。我国产业政策具有以政府直接干预为主、以政府对市场的判断代替市场机制、对大企业扶持多、对中小企业扶持相对较少等特征，即具有以选择性产业政策为主的倾向（陈冬华等，2010；邱兆林，2015）。

而对于产业政策是否有效，学术界和实务界一直存在较大的争议（余明桂等，2016）。支持者从外部性等视角认为产业政策是促进经济发展、推动产业结构调整不可或缺的主要手段。例如，Lazzarini（2015）认为产业政策能够较好地引导资源配置、改善企业绩效，并对其作用机制进行了理论分析，其结论为产业政策作为推行国家发展战略的手段，在改善微观企业绩效、培育企业竞争力等方面都发挥着重要的作用。产业政策能促进资源定向积累和流动，形成一种支持调整的可持续竞争优势（Support-Adjusted Sustainable Competitive Advantage，SASCA）。反对者却从信息不对称理论、政府对市场的把控能力等方面认为产业政策并未达到理想效果（Rodrik，2004；Weiss，2011；黄海杰等，2016；毕晓方等，2015）。还有一部分学者认为，产业政策实施的必要性并非重点，而产业政策在实施过程中的选择才是重要议题。例如，Robinson（2009）认为，目前对于"产业政策"的研究与探讨以规范性的研究为主导，但实证研究相对较为匮乏。因此，运用实证分析的方法去探讨产业政策的实施效果，并进一步研究其内在作用机制，是对产业政策进行研究的良好视角。

（二）技术创新

Schumpeter（1912）的经济思想奠定了技术创新理论的基础，认为创新是经济增长的核心动力。"创新是指企业家对于生产要素的新的组合"，创新通过重新组合生产要素从而建立新的生产函数。生产要素重新组合的方式包括从新产品的引进、新技术（或生产方式）的采用、新市场的开辟，到新材料的突破、新的组织形式的实现等方面。总体来说，创新的五种情况包括：①引进一种新的产品或产品的某个新的特性；②采用一种新的生产方法（主要是工艺）；③开辟一个新的市场；④控制某种原材料或半成品的新的供应来源；⑤实现某种新的工业组织（建立起垄断或打破垄断）。在此逻辑基础上，Arrow（1962）突出强调了创新与知识生产两者之间的关系。此后的技术创新理论的学者发展了 Shumpeter 和 Arrow 的思想，认为技术创新是重新整合现有的知识元素（Nelson and Winter，1982），或者是重构现有知识的元素组合架构（Henderson and Clark，1990），以产生新的富有创意的过程。本书接受上述定义，将技术创新视为对当前知识存量中的元素或维度进行重新整合、重构以产生新创意的过程，因而创新的过程包括创意的产生、创新/知识生产的投入、创新/知识生产的中间品产出、创新/知识生产的最终品产出，商业化及知识的扩散这一完整过程。

二、产业政策对企业创新影响的研究文献

早在 20 世纪 80 年代初，经济合作与发展组织（OECD，2004）就提出，发展创新政策的目的是"把科技政策与经济政策、社会政策、产业政策，特别是教育、能源、人力资源政策形成一个有机整体"。张杰等（2011）认为我国经济政策未来改革方向是关注自主创新能力的提升，即如何根据阶段性国情，整合资源，制定行之有效的政策引导、支持和激励企业加大 R&D 投入。创新政策研究始于西方国家，其发达的经济为创新政策研究提供了丰富的数据，典型的代表是 Rothwell 等（1985）的研究，他们认为，技术创新政策是政府干预创新活动的有效手段，是一系列综合的政策体系，科学合理的技术创新政策能够对技术创新活动产生积极影响；他们把技术创新政策按照产生影响的不同分为三种模式，即环境层面政策、供给层面政策以及需求层面政策（Hayward，1986）。从发达国家技术创新政策实际运行效果来看，西方各国普遍使用的技术创新政策工具大致有五种，即税收优惠、财政拨款或补贴研究开发等财税激励政策，开拓新产品市场需求的政府购买政策，鼓励风险投资的投融资政策，中小企业扶持政策，专利保护制度和政府规制政策。

从现有研究来看，产业政策对企业创新的影响仍存有较大的争议。部分学者研究认为产业政策对企业创新具有激励作用，政府一方面可以通过提供政策性贷款、增加财政补贴、提供税收优惠等选择性干预方式影响企业创新（Kollmann et al.，2012；Kang and Park，2012；Greenwald and Stiglitz，2013）；另一方面可以通过降低行业进入门槛、放松行政管制、完善法律制度等以调整宏观市场环境、改变稀缺资源的市场配置为主的功能性产业政策来促进企业创新（Weiss，2011；Rodrik，2004）。

但也有学者通过研究认为，产业政策对企业创新反而具有挤出效应。由于存在政策寻租与制度缺失等因素，产业政策的实施效果将会被削弱（Wallsten，2000）。政府与企业之间对技术创新等因素存在着明显的信息不对称现象，产业政策在实施过程中可能会产生偏差，从而导致政策效果的背离（王克敏等，2017）。而我国政府在产业政策实施过程中的大企业偏好等倾向限制了产业的公平竞争，可能导致受到产业政策扶持的大企业缺乏竞争的意识和创新的意愿，反而不利于企业创新的投入与高质量成果的产出（江飞涛、李晓萍，2010；孟庆玺等，2016）。

企业作为创新的主体，直接受益于产业政策，但我国存在企业的自主创新能力严重滞后于经济发展需求的现实现象（张杰等，2011），企业的创新意愿不足。首先，对于希望通过创新来提高自身竞争能力的企业来说，由于技术创新自身的高风险性和外部性特征，技术转化的过程较长且不确定性大等问题的存在，使得企业创新普遍存在融资困境（鞠晓生等，2013），而这种情况远远不能满足企业创新所需要的大量、持续的资金投入的要求（安同良等，2009；Brown and Petersen，2011）。其次，企业的创新意愿还受到外部环境的制约（张杰等，2011）。例如，市场准入限制、金融与法律环境等外部环境等对企业创新均会造成影响（吴延兵，2007；聂辉华等，2008）。在法律不健全的情况下，企业创新易被模仿，从而导致无法得到正常的收益回报（Lin et al.，2010）；某些受政策扶持的大型国有企业依靠垄断能够获取超额利润，从而缺乏创新的需求与意愿（张杰等，2011）。

因此，要提高产业政策的实施效果，不仅要强化政府的选择性产业政策，而且建立健全市场环境制度也是同样重要的（解维敏、方红星，2011；潘越等，2015）。世界各国正是通过实施补助基础科研、政府采购、专利保护等政策措施来鼓励和扶持企业的创新（Dosi et al.，2006；Steinmueller，2010）。

具体来说，产业政策通过何种途径影响企业创新？正如前文所说，国内外学术界普遍认可的产业政策分为选择性产业政策与功能性产业政策

（Lall，2001；周叔莲等，2008），不同的产业政策将会通过不同的路径对企业创新产生作用。我国学者认为，产业政策对企业创新的影响的作用机制大体可以分为资源效应与竞争效应两种（黎文靖、李耀淘，2014；孟庆玺等，2016）。

选择性产业政策能够形成资源效应，从而影响企业创新。为达到产业转型升级的目的，政府通过运用选择性产业政策对受扶持企业的创新活动提供政府补贴、税收优惠、放宽信贷等必要的资金支持，以缓解企业因研发活动资金需要量大、研发与转化的周期长等资源与资金的约束（Aghion et al.，2015；Kang and Park，2012；杨洋等，2015），通过降低企业创新研发的成本和风险，促进企业研发活动的开展（Czarnitzki and Licht，2010；李平、王春晖，2010）。相对于不受产业政策支持的企业，政府的选择性扶持的行为具有较强的"信号"传递功能，能够提升外部投资者对企业创新前景与水平的认可，有助于企业获取各种渠道的创新资源（Feldman and Kelley，2006；李莉等，2015）。选择性产业政策通过这种特定的资源优势来干预企业的创新行为被称为资源效应。

功能性产业政策可以形成竞争效应，进而影响企业创新。功能性产业政策是指包括降低行业壁垒、优化金融与法律环境、简化行政审批手续等方法，以此来营造良好的市场环境，加大市场的调节作用，促进市场竞争的产业政策手段丰富（黎文靖、李耀淘，2014），市场的有效运行使企业可以通过竞争而非垄断获取优势，而竞争的加剧将会迫使企业加大技术创新的投入，以期获得竞争的优势（Agion and Howitt，1992；Zucker and Darby，2007），这种由功能性产业政策的实施所形成的影响被称为竞争效应。Agion 和 Howitt（1992）的竞争—创新理论模型认为，竞争与创新呈倒 U 形的关系，当然，不同国家产业发展的程度与阶段不同，竞争与创新之间的关系处于倒 U 形的位置也不同。基于中国的产业发展现状，张杰等（2014）对竞争与创新的关系进行研究发现，中国的竞争和创新之间呈现显著且稳健的正相关关系，产生这一结果的原因是中国各产业内企业的技术能力差距较小。这些研究表明，就中国的发展现状而言，提高竞争可以促进企业创新研发活动（聂辉华等，2008）。

在此研究背景下，本书以 2011~2019 年我国 A 股上市公司为样本，利用 2016 年"五年规划"变更导致的产业政策变化时机构造双重差分模型（DID 模型），探讨宏观产业政策对微观企业创新的影响及其作用机制。在作用机制的研究方面，则是从能够产生资源效应的选择性产业政策和产生竞争效应的功能性产业政策两个方面入手，分别选择代表选择性产业政策的政府补贴（Sub）和税收优惠政策（Tax），以及代表功能性产业政策的市场化进程（Market）与产品市场竞争（HHI）四个维度作为研究的中介变量，来考察产业政策对企业创新的影响的作用机制。

三、不同的产业政策工具对企业创新影响的研究文献

国内外学者对不同的产业政策工具对企业创新的影响及其作用机制进行了大量的研究。本节主要从代表选择性产业政策的政府补贴与税收优惠政策，以及代表功能性产业政策的市场化进程与产品市场竞争四个方面来进行阐述。

（一）政府补贴与企业创新

政府补贴是产业政策实施的主要方式，它是政府根据一定时期的政治、经济方针和政策，按照特定目的，直接或间接向微观经济主体提供的无偿资金转移（孔东民等，2013）。《国务院关于改进加强中央财政科研项目和资金管理的若干意见》指出，我国的财政科技补贴要聚焦基础前沿类、公益类、市场导向类和重大项目，其主要涵盖了促进创新活动补贴（对企业在研发项目、创新活动中的投入和产出给予直接资助）、促进企业

发展的补贴（孵化器资助资金等）、促进资金融通补贴、促进创新文化补贴（科技科普资金等）和促进人才集聚的补贴等几大类（马嘉楠等，2018）。

在转型经济中，补贴是政府扮演"扶持之手"（Helping Hand）最直接的手段（Frye and Shleifer，1997）。政府通过补贴达到激励企业开展创新活动、引导产业技术的发展方向进而实现产业结构的调整目标。企业的技术创新主要体现在 R&D 的投入与产出两个方面。由于企业 R&D 活动的外部性和高成本、高风险特性，企业的 R&D 投入往往低于最优水平，需要政府 R&D 补贴来引导企业的创新投资。政府补贴是否能够激励企业增加 R&D 投资行为，就成为评价现行政策是否有效的重要标准之一。下面分别就产业政策的创新投入与创新产出两个方面对已有的研究进行梳理。

1. 政府补贴影响企业创新投入效果的研究

为了系统地阐述政府补贴对企业技术创新影响的作用机制，Lee（2011）构建了一个完整的理论框架，他将政府补贴对企业 R&D 投入的影响效应划分为四类，即需求创造效应（Demand-Creating Effect）、技术能力的提升效应（Technological-Competence-Enhancing Effect）、R&D 成本降低效应（R&D - Cost - Reducing Effect）和各种因素的叠加效应（Overlap Effect），认为政府 R&D 补贴对企业 R&D 投入的总体影响方向及效应是不确定的，取决于企业或行业的具体特征。

政府 R&D 补贴对企业 R&D 投入究竟是产生了挤入效应（Crowding in Effect）还是挤出效应（Crowding out Effect），国内外学者没有一致性的结论。

（1）挤入效应。部分学者研究认为政府补贴与企业的 R&D 投入具有一定的互补性关系（Holemans and Sleuwaegen，1988；Antonelli，1989）。例如，Lee（2011）认为政府补贴有利于降低企业投资的成本和风险，能够刺激企业的 R&D 投入，进而提升企业的研发创新能力。Kleer（2010）、Meuleman 和 Maeseneire（2012）从信号传递理论的角度认为，政府补贴能够传递出获补贴的产业受政府关注、未来前景看好，企业信誉良好等信号，这将更易吸引各渠道的资金投入，降低企业融资约束。此外，为减少内生性问题对研究的影响，学者通过双重差分（DID）、倾向得分匹配（PSM）等计量方法来对该问题进行研究。例如，通过对民主德国企业的数据分析，Almus 和 Czarnitzki（2003）发现，政府补贴与企业的 R&D 研发呈正向相关关系。

（2）挤出效应。David 等（2000）认为，政府补贴会刺激研发要素市场的需求，从而提高企业研发成本，对研发收益产生降低的效果。刘虹等（2012）认为国有企业可能通过寻租来获取政府补贴，但该补贴未必运用于企业研发，从而导致政府干预失灵。Wallsten（2000）运用美国小企业创新研究项目（SBIR）的企业数据，证实了政府 R&D 补贴的挤出效应。Montmartin 和 Herrera（2015）在研究中引入了政府补贴方式和补贴率这两个控制变量，对 25 个 OECD 成员国的 1990~2009 年动态空间面板数据进行分析，验证了政府直接补贴和间接补贴都会对企业 R&D 投入产生挤出效应。

（3）混合效应。近年来，越来越多的研究结论表明，政府补贴对企业投入的影响不是单方面的促进效应或挤出效应，而是二者同时存在，且在不同情况下呈现出不同的效果。通过分析 17 个 OECD 成员国的数据，Guellec（2000）发现政府补贴在短期（1 年内）和长期（4 年外）会产生挤入效应，但是在中期（3 年左右）却会产生挤出效应；在使用爱尔兰制造业的工厂级数据集调查了政府的研发补助与企业研发支出之间的关系后，Görg 和 Strobl（2006）研究发现，对于国内工厂来说，中小规模的政府补贴有助于增加私人企业研发支出，而太大的拨款可能会挤出私人研发资金；利用挪威的数据，Clausen（2009）研究发现，政府对企业的"研究补贴"（Research Subsidy）对企业研发投入具有激励作用，而"发展补贴"（Development Subsidy）却会产生挤出效应。通过对中国不同地区样本的研究，肖丁丁等（2013）认为在东部地区，政府补贴对企业的 R&D 投入产生了促进效应，但在中西部却呈现挤出效应。

由此可见，政府 R&D 补贴对企业投入的影响会随着政府补贴时机、区域等因素的不同产生不同的效果，而不仅仅是挤入效应或挤出效应。

2. 政府补贴对企业创新产出影响的相关研究

通过政府补贴的手段达到激励企业技术创新投入的增长，这仅仅是促进企业创新的开始。随着研发投入的增长，企业能否由此顺利产生创新产出还有待进一步检验，政府补贴对企业创新产出的影响能更客观、更全面地反映政府补贴政策实施的质量和绩效。但学者对此的研究结论也莫衷一是。例如，Guerzoni 和 Raiteri（2015）根据 5238 家公司的数据分析了研发补贴、税收优惠和公共采购对企业创新产出的影响，分析结论表明，政府补贴对企业的创新产出的影响表现为显著的正相关关系，当不同的政策相互作用时，技术政策会产生最大的影响。通过对意大利北部地区实施的研发补贴计划对受益公司创新的影响的研究，Bronzini 和 Piselli（2016）发现，政府补贴计划对企业的专利申请数量产生了重大影响，即该计划成功地增加了申请专利的可能性，且其对小型企业的影响更显著。但我国学者黎文靖和郑曼妮（2016）将代表创新产出的专利分为高质量的发明专利和非发明专利两类，研究分析得出选择性产业政策只激励了企业策略性创新，企业为"寻扶持"而增加创新产出的"数量"，而创新产出"质量"并没有显著提高。

可见，虽然结论并不统一，但是作为最为重要的产业政策工具之一，学者还是将政府补贴对创新投入或创新产出的影响展开了大量的研究。由于不同行业或企业之间存在较大的异质性，为使企业研发投入或产出的数据具有可比性，企业研发投入强度指标大体可以按照政府补贴/企业销售收入、政府补贴/企业固定资产净值或政府补贴/企业总资产的方法来衡量（张杰等，2015）。本书借鉴已有研究常用的方法选择企业研发强度，即政府补贴/企业销售收入作为企业研发投入指标，将企业的专利申请数量对其加 1 然后取自然对数为研发产出指标，并用政府补贴/企业总资产作为稳健性检验的替换变量。

（二）税收优惠政策对企业创新影响的文献

税收优惠政策是政府进行宏观调控的重要手段，是国家通过采取与现行税制基本结构相背离的税收制度，给予纳税人的各种优惠性税收待遇，减轻其税负，进而达到补贴特定纳税人及其活动的目的，促进和扶持经济发展的一种特殊支出（柳光强，2016）。它的优惠形式包括先征后返或税收抵免等形式（吴联生，2009）。税收优惠政策虽然具有法律效力，但是在实施过程中由于不针对特定企业，即企业能否享受税收优惠政策与其所在产业、企业规模和创新类型无关，政府并未直接参与选择，因此，税收优惠政策又被称为普惠性产业政策或市场友好型政策（Czarnitzki et al.，2011）。因此，税收优惠政策对企业创新的作用机制相对直观，即通过税收优惠直接降低企业研发的成本（Hall and Reenen，2000），并且可以改善企业的资金筹集困境（Kasahara et al.，2014）。为了享受税收优惠带来的好处，企业必须符合相关技术条件，因此促进了企业提升对技术研发投入的强度，进而促进了企业的技术创新的产出。

1. 税收优惠政策对企业创新投入影响的相关研究

在税收优惠政策对企业创新投入的影响研究方面，国内外学者得出不同的研究结论。

（1）激励作用。各国学者分别利用不同国家和地区的微观层面数据对税收优惠政策影响企业创新投入方面进行研究，结果表明研发投入的税收成本弹性为负，即税收优惠政策促进了企业的研发投入。例如，在运用1997~2003年制造公司数据来评估魁北克研发税收激励措施的有效性方面，Baghana 和 Mohnen（2009）的研究显示，R&D 投入的短期价格弹性估计为-0.10，长期价格弹性估计为-0.14，即税收优惠政策的实施使得企业增加了研发投入，且小公司的弹性略高于大公司。Yang 等（2012）运用倾向得分匹配（PSM）方法调查了税收优惠对中国台湾地区制造企业研发活动的影响，结果显示，受到 R&D 税收优惠的企业研发支出比没有获得税收优惠的企业平均高 53.80%，即说明研发税收抵免对研发支出及其增长具有显著的积极影响，尤其是对电子公司而言。在研究了 1981~1991 年美国联邦研发税收抵免对美国企业 R&D 投资的影响后，Rao（2016）发现，短期内研发的用户成本每降低 10%，将会导致企业增加其研究强度，即研发支出与销售额的比率达到 19.8%。陈远燕（2016）采用国泰安非上市公司数据库中 20 万户企业 2005~2007 年的数据，分析了税收优惠对企业研发投入的影响，实证结果表明，我国财税政策激励了企业研发的投入。

（2）非激励作用。但是也有学者通过研究认为，税收优惠政策对企业技术创新投入并不具有显著的激励作用。例如，Wallsten（2000）认为过高的政府扶持政策可能会诱导企业进行"寻扶持"投资，而不是将资源用于提高技术水平，从而对企业技术创新活动产生一定程度的抑制效应。Radas 等（2015）调查了克罗地亚直接赠款和税收优惠对受援中小企业（SME）的影响，研究发现，中小企业在使用税收优惠方面存在局限性。通过分析 1993~2009 年法国公司样本中产业政策对私人研发支出的影响，Marino 等（2016）研究表明，税收优惠政策对企业 R&D 投入挤出效应更明显。柳光强（2016）通过对我国战略性新兴产业上市公司的研究，探讨税收优惠等政策激励企业行为的作用机制，研究发现，税收优惠政策对所有细分产业的研发投入影响均不显著，并进一步验证了税收优惠政策在不同行业间的激励效应差异明显。

2. 税收优惠政策对企业创新产出影响的相关研究

同样，学者也纷纷对税收优惠政策对创新产出的影响进行研究。例如，Czarnitzki 等（2011）研究显示，税收优惠政策增加了企业层面的研发参与度，政策引发的研发活动会带来额外的创新产出。为了刺激企业研发，挪威政府于 2002 年推出了一项基于税收的激励措施。Cappelen 等（2012）对该计划的研究认为，获得税收优惠的项目会导致新生产流程的开发，但该计划并没有促进以面向市场的新产品或申请专利的创新。Dechezleprêtre 等（2016）根据英国的行政税收数据实施断点回归设计，研究显示，税收优惠政策对企业 R&D 投入和专利产出均有统计学和经济上的显著影响，税收政策对相关公司的技术创新产生了积极的溢出效应。发展中国家税收优惠政策鼓励私人投资方面的研究越来越多，其中 Crespia 等（2016）以阿根廷动态面板数据集为研究对象，研究税收优惠政策对企业创新的影响，结果表明，R&D+i（Innovation）投资对其用户资本成本的弹性绝对值大于 1，这意味着政策干预在增加企业创新努力方面是有效的。贺康等（2020）利用沪深两市上市公司 2013～2017 年的样本数据来评估税收优惠政策的激励效果，研究发现，加计扣除税收优惠政策达到了促进企业的创新产出和创新效率显著提高的效果，但激励效果存在异质性，对非国有企业、大规模企业、非高新技术企业和高市场化地区企业的创新产出和创新效率的激励效果更好。

总体来说，从创新产出视角出发的研究基本上肯定了税收优惠政策对企业技术创新的激励作用。基于已有的研究（余明桂等，2016；黎文靖、郑曼妮，2016），本书的税收优惠根据国泰安数据库中的名义税率与实际税率数据，按照税收优惠＝（名义税率-实际税率）×税前利润的方法来计算。

（三）市场化进程对企业创新影响的文献

产业政策中的功能性产业政策就是通过优化和建立健全市场环境，来达到促进企业创新的目的。我国改革开放的历程实际上就是逐步放松政府对经济的管制、建立市场经济体制的历程（Shleifer，2005）。应该说我国的市场化改革成效非常显著，但同时不可否认的是，我国经济发展的不平衡导致各个地区的市场化进程、政府干预程度存在很大差异（樊纲等，2011），使我们可以研究在不同市场化进程的地区，产业政策对企业创新的影响。陈宗胜、周云波（2001）提出，市场经济就是在市场制度的体系内，利用市场机制调节资源配置的经济。我国的市场机制已经从出现逐渐发展到成熟，要研究产业政策对企业创新的影响必须考虑企业所在地区的市场化特征。

市场化程度的提高代表了经济活动中市场力量的增强和企业营商环境的改善，它会通过对产品市场和要素市场的影响而实现资源的有效配置（崔鑫生，2020），市场的竞争增强了企业进行技术创新活动的内在动力；完善的市场法律与制度环境对企业技术创新成果的收益也起到了更好的保护作用（逯东、朱丽，2018），从而增强了企业的创新意愿和创新成果的技术含量（熊凯军，2020）。

已有的研究认为，市场化可以帮助企业增加对创新的投资。例如，Hsieh 和 Klenow（2009）使用制造业企业的微观数据来量化中国和印度与美国相比的潜在错配程度，研究认为，假设资本和劳动力等要素配置达到美国的程度时，中国制造业的全要素生产率将增长 30%~50%，印度将增长 40%~60%。Dittmar 等（2003）、Pinkowitz（2006）研究发现，在投资者保护较差的国家，企业现金持有量与公司价值之间的关系比其他国家弱。在对美国上市公司研究后，Frésard 和 Salva（2010）发现，投资者对在美国交易所和场外交易市场上市的外国公司进行超额现金储备的价值远高于其国内同行，这种超额现金溢价不仅源于美国法律规则和披露要求的强度，还源于在美国上市所带来的更大的非正式监督压力。

而对于像中国等经历着从计划经济向市场经济转型的国家来说，市场化改革等制度变迁如何影响经济增长，也是学者关注的问题（Roland，2000）。对中国转型的研究发现市场化改革会提高资源配置的效率。例如，Jefferson 等（1992）发现国有企业的多要素生产率在停滞了 2 年多后在 1978~1988 年大幅提高，而集体企业的全要素生产率比国有企业的可比指标增长得更快；王小鲁（2000）在评价改革 20 年来经济增长的整体状况时，从生产要素、制度变革、结构变动、外部环境等方面分析高速增长的原因，研究发现，制度变革引起的资源重新配置对过去的高速增长做出了巨大的贡献。

国外衡量各个国家的经济转型进程往往引用欧洲复兴开发银行（EBRD）每年公布的《转型报告》（Transition Report），报告对 27 个转型国家在各方面的改革进行打分，包括价格自由化、竞争性政策、金融机构改革、外汇和外贸自由化、企业改革等项目，最终形成转型指标。中国各地区间的市场化进程存在很大差异，因此国内衡量市场化进程的综合性指标往往是国民经济研究所历年公布的中国各省份市场化指数（樊纲等，2001；樊纲等，2003；樊纲等，2007，2010，2011；王小鲁等，2017）。该指数从政府与市场的关系、非国有经济的发展、产品市场的发育程度、要素市场的发育程度、市场中介组织发育和法律制度环境六个方面衡量各地区市场化的进展。一方面，它丰富了市场化内涵；另一方面，由于各地区有一致的国家宏观环境和政治制度，不存在国外研究中出现的由于政治制度、转型路径的差异对研究稳健性的影响（Babetskii and Campos，2007），因此使用该指标有助于解释市场化进程对企业创新的影响。

（四）产品市场竞争对企业创新影响的文献

政府可以采用放松对受鼓励产业的投资项目审批和市场准入限制等功能性产业政策，提高受鼓励企业的竞争能力，降低企业的市场竞争成本，优化企业创新决策，激励企业创新，进而达到促进受鼓励产业发展的目的。但选择性产业政策会对被鼓励企业提供更多的政府补贴、税收优惠、扶持性贷款等资源，从而降低了企业的创新意愿。在政府的扶持政策下，企业行为可能趋于短期化，对技术进步、提高产出效率缺乏足够的热情和动力（余明桂等，2016）。因此，产品市场竞争与企业创新的关系究竟如何一直是学界研究的热点话题，其中最具影响力的学说是熊彼特假说和竞争逃离效应。

创新经济学的创始人熊彼特最早研究了创新与产品市场竞争的相关性，提出了著名的熊彼特假说。Schumpeter（1942）、Kamien 和 Schwartz（1982）认为企业规模、市场势力与创新之间呈正相关关系，垄断企业能为创新活动提供更强的财力支持，具有更强的创新效率和创新投入意愿（Blundell et al.，1999）。相反地，竞争导致了垄断租金的减少，阻碍和减缓了创新，竞争越激烈，创新的市场价值越小（Greenhalgha and Rogers，2006）。企业创新是冒险程度很高的决策行为，企业的规模和垄断地位影响着企业创新，面临越大竞争威胁的企业其高管将越可能减弱冒险动机，以降低失去市场地位的风险（解维敏、魏化情，2016；贺小刚等，2017）。利用 1976~1995 年美国 4800 多家企业的数据，Gayle（2003）引用加权专利计数用于衡量创新产出，通过研究发现企业规模和市场集中度均与创新显著正相关，从而支持了熊彼特假说。

与熊彼特假说相反的观点是竞争逃离效应（Competition Escape

Effect）。Scherer（1967）指出垄断会增加企业惰性，而竞争会刺激企业更强的创新力。产品市场竞争是有效的公司治理机制之一，通过产品市场竞争可以影响企业的经营决策意向（Allen and Gale，2000）。企业为了获得超额利润，可以通过产品研发等创新活动来逃离激烈的市场竞争，以降低破产风险。Arrow（1962）认为竞争性产业比垄断性产业能够激励更多的研发，产品市场竞争地位越高则企业通过创新获得的超额利润更多。Jaffe（1988）利用美国 1976 年 537 个企业的截面数据发现，企业规模对创新的影响并非越大越好。

在后续的研究中，利用 1973~1994 年在伦敦证交所上市的两位数行业的 311 家企业的数据，Aghion 等（2005）研究产品市场竞争（Product Market Competition，PMC）与创新之间的关系，认为两者之间并不是简单的线性关系。竞争可能会增加创新从而带来利润的增长，但竞争对创新的正向作用存在临界值，超过临界值将产生抑制作用，即两者之间存在倒 U 形关系。同样地，Blazsek 和 Escribano（2016）利用美国 4476 家制造业和服务业企业、Bos 等（2013）基于美国银行业数据，均得出了竞争强度与创新之间存在倒 U 形关系的结论。

此外，还有一些其他的结论，如 Cohen 等（1987）通过使用来自 1974~1977 年美国联邦贸易委员会业务项目的数据，以及对 345 家企业的 2494 个经营单位的调查数据，得出企业规模对业务单元研发强度的影响非常小，在统计上不显著的结论。Dasgupta 和 Stiglitz（1980）、Tang（2006）则认为由于不同行业的技术机会、进入条件及产品市场类型不同，竞争强度对创新的影响作用不同。

近年来，学者十分关注中国市场竞争对企业创新的影响，相关研究纷纷涌现，其结论也和国际主流研究的结论相似，大体包括三类。

第一类，验证了熊彼得假说。例如，Jefferson 等（2004）运用 1995~1999 年中国企业的数据研究发现，研发人员集中在销售额较大的资本密集型企业中，尤其是那些被中国国家统计局列为"规模大"的企业，此外研发强度与公司规模、盈利能力和市场集中度正相关。周黎安、罗凯

（2005）使用我国1985~1999年省级面板数据对我国企业规模与创新的地区差异问题进行了研究，结论是在我国企业规模对创新有显著的促进作用。陈泽聪、徐钟秀（2006）根据1994~2003年我国各省制造业技术创新数据进行研究，得出了我国市场竞争程度与创新效率呈负相关，国内制造业的过度竞争及需求不足导致了企业技术创新投入不足的结论。

第二类，印证了竞争逃离效应。例如，沈坤荣、孙文杰（2009）利用大中型工业企业行业层面的数据对市场竞争和技术溢出效应进行了测算，发现激烈的市场竞争会促进内资企业研发生产率的提升。何玉润等（2015）选取2007~2012年沪深两市非金融类A股上市公司为研究样本，从行业内市场势力和行业间市场竞争两个维度对二者关系进行了实证检验，结果表明产品市场竞争对企业研发强度具有促进作用，但这种效应在国有企业中较弱。简泽等（2017）的研究认为市场竞争推动了企业层面R&D投入的增加。

第三类，更多的研究结论显示，在中国，市场竞争与企业创新之间并非简单的线性关系。例如，聂辉华等（2008）利用2001~2005年中国规模以上工业企业构成的面板数据，运用Tobit模型考察了影响中国企业创新活动的因素。研究发现企业的创新与规模、市场竞争之间均呈倒U形关系，一定程度的规模和市场竞争有利于促进企业创新，而过度竞争会降低企业的技术创新能力。其中，国有企业具有更多的创新活动，并且这种相对优势伴随企业规模变大而更加显著；国有企业的创新效率较低，私营企业的创新效率较高。安同良和施浩（2006）以江苏省制造业企业为样本，朱恒鹏（2006）使用国内10个省80余家民营企业的调查数据，陈羽等（2007）基于中国制造业行业的面板数据，夏清华、黄剑（2019）利用2012~2017年我国高新技术企业的平衡面板数据，从不同的视角与方法得出了我国企业所面临的市场竞争与创新投入之间大体呈倒U形关系而非线性关系的结论。

基于上述文献中常用的指标，本书用表示市场势力（Marketpower）的赫芬达尔—赫希曼（HHI）指数来表示企业的市场竞争力。

四、评述

通过对产业政策、产业政策与影响企业创新的各因素之间关系的相关文献的归纳和整理可以发现，研究的重点在于，一方面，产业政策是否能够影响企业创新，进而调整产业结构，促进宏观经济的发展；另一方面，不同的产业政策将会通过哪些作用机制来影响企业创新，效果如何？国内外学者在产业对企业技术创新影响的研究上越来越深入，虽然由于研究视角、研究方法和样本选取的不同，研究结论不统一，但是不可否认的是，当下在各国经济发展过程中，尤其是像中国这样的国家，为了促进产业转型与升级，提高国际竞争力，产业政策一直扮演着重要角色。因此，在国内外学者已有的研究基础上，本书针对上述两个关键性的问题，结合"十三五"规划执行所带来的政策性变化和影响，分别从创新投入和创新产出的视角，对我国的产业政策对企业创新的影响及不同的产业政策在其中的作用机制进行深入系统的研究。本书较前述研究更为系统和全面，在对理论的完善和对实践的总结方面均具有较大的现实意义。

第三章
理论基础与研究方法

一、相关理论基础

经过对现有文献的梳理，并依据经济学基础理论的剖析，选取创新理论、市场失灵理论、信息不对称理论、信号传递理论和利益相关者理论作为本书的理论基础。

（一）创新理论

国际上对创新的研究最早开始于美籍奥地利经济学家熊彼特（Schumpeter），其在著作《经济发展理论》（1912）中首次提出：创新（Innovation）是指企业家对生产要素的新组合，这种新的组合可以是产品创新、工艺创新、市场创新、材料创新、组织管理创新等，其目的是获取潜在的利润，而经济发展是一个以创新为核心的演进过程。由此，开了用"创新理论"解释经济发展的先河。Schumpeter认为创新是一个创造性的破坏过程，老企业、旧技术、旧产品、旧材料、旧市场逐渐被淘汰，新企业、新技术、新产品、新材料、新市场在崛起，促使生产要素实现优化组合，从而推动经济不断发展。

但 Arrow（1962）也指出由于知识的高风险性、外溢性和信息不对称的情况客观存在，使市场无法做到创新资源的最优配置，导致了市场失灵问题。由此需要政府的介入和干预，这成为国家创新政策和产业政策运用的理论依据（郭玥，2018）。Freeman（1987）首先提出了国家创新系统的概念，他发现政府通过鼓励和引导创新活动，在较短时间内扭转了日本的工业技术在"二战"后落后的局面。在经济不断增长、竞争不断加剧的现实背景下，仅仅依靠市场"看不见的手"来配置研发资源无法获得长足的技术进步，需要依靠政府的力量。例如，可以采取一些扶持措施激励企业从事研发行为，提高企业的研发积极性，抑或保障完善的法律与制度环境保护研发成果。企业是研发活动的主体，研发活动甚至在某种程度上已成为一种国家竞争战略。1990 年国家创新体系研究的国际学派代表——Michael E. Porter（1990）将国际创新体系的微观机制与其宏观运行实绩联系起来，并出版了《国家竞争优势》一书，该书中提出为形成国家竞争的核心，政府的主要职责就是为该国的企业提供推动创新的环境，从而推动企业创新，提高一国的国家竞争力。

根据创新理论，为充分调动企业的研发创新活力，国家应在产业政策以及配置资源方面发挥引领与主导作用，在优化要素资源配置的同时激发企业研发需求与意愿。研发活动离不开政府产业政策的激励作用，创新理论为本书的理论分析提供了坚实的理论基础。

（二）市场失灵理论

古典经济学认为市场可以实现充分就业和资源的最优配置。但福利经济学的创始人 Pigou（1920）就系统地对市场存在的缺陷进行了分析，指出由于外部性的存在，边际社会收益与边际私人收益相背离，需要政府采取征税或补贴等手段纠正外部性；凯恩斯（Keynes，1936）在《就业、利息与货币通论》中指出，20 世纪 30 年代的经济大萧条充分暴露了市场机制的不完美，引起了过多的失业和资本过剩，并指出只有政府进行适当的干预才能够优化资源配置，促进就业和经济增长。市场失灵理论认为，市场机制受现实环境中的信息不对称、外部性、公共物品、逆向选择与道德风险等的约束都会导致市场无法发挥最佳作用，从而引发市场失灵（Bator，1958；Stiglitz et al.，1989）。研发活动也具有上述特征，Arrow（1962）研究发现由于研发成果的外部性，企业研发投资明显低于社会最优水平。一方面，研发成果具有准公共物品属性，容易被其他企业低成本模仿，使私人收益小于社会收益从而造成溢出效应；另一方面，研发活动需要投入大量资金，企业不会对外披露研发活动的细节，外部机构投资者难以评价研发活动的收益与风险，企业容易遭受外部融资约束。

正是由于企业的研发活动在市场竞争中具有强烈的外部性特征，使得市场难以依靠自身机制做到资源的最优化配置，因此需要政府利用"有形之手"来干预经济发展（Stiglitz，2015）。目前发展中国家普遍运用产业政策来干预产业发展，优化产业的市场环境、提高资源配置效率、提高企业创新的积极性，以期实现后发超越的目的（Rodirk，1996）。因此，市场失灵理论是政府利用产业政策干预经济发展的理论基础，是本书研究产业政策对创新影响的理论基石之一。

（三）信息不对称理论

古典经济学理论有一个重要的假设前提，即信息是完全充分的、对称的，交易的双方都拥有做出正确决策所需要的完全信息，因此市场会在Smith 的"看不见的手"的作用下达到供需平衡，进而达到有效的资源配置。但在 20 世纪五六十年代 Arrow（1962）和 Simon（1955）均对充分信息假设提出了质疑，指出不确定性是经济行为的基本特征之一，而造成经济行为不确定性的原因之一就是不对称的信息。所谓信息不对称（Asymmetric Information）就是指，信息在相互对应的经济个体之间呈不均匀、不对称的分布状态（辛琳，2001）。当市场交易主体中的一方能够利用自身信息优势获利时，处于信息劣势的一方便难以顺利地做出相应决策。其中，与市场交易信息相违背的逆向选择与道德风险等问题会降低经济效率，从而导致市场失灵。

在企业研发过程中，无论是企业筹资阶段还是研发产品商业化推广阶段，由于研发者与资金等要素的提供者或消费者之间存在信息不对称，造成了市场失灵现象，这亟须政府通过产业政策来予以调整和干预。但政府在采用选择性产业政策对受扶持企业或行业进行选择时，由于在企业技术创新与研发水平上存在着信息不对称现象，往往会出现资源的错配或激励错位（柳光强，2016），从而降低了产业政策的激励作用，甚至造成产业政策的挤出效应。因此，信息不对称理论既是政府运用产业政策促进企业创新的理论基础，也是更好地实施产业政策、提高政策精准性与效果的研究视角之一。

（四）信号传递理论

信息是决策中必须依赖的因素，一般来说，相关信息越多，决策的科学性和准确性就越高。在信息不对称情况下，有效的信息传递工具可以向外界传递有效信息，释放重要的信号，减少由于非对称信息引起的不合理决策行为。作为信号理论的开创者，Spence（1973）在研究劳动市场信号时建立了一个劳动力市场模型，绝大多数劳动力市场上存在着信息不对称，获得信息的前提是要对信息进行信号传递，而受教育程度作为一种传递信息的工具被看作是员工发出的一种信号，使雇主更了解雇员的情况。进一步的研究表明，信息不对称是信号传递有效性的前提（Spence，2002）。为了降低信息不对称现象，信号传递的质量与意图显得尤为重要（Stiglitz，2000）。信号传递理论逐渐被大量应用到金融、财务、管理与产业组织等诸多的研究领域中（Hughes，1989；Talmor，1981；谢江林等，2009；Connelly et al.，2010；郑莹等，2016）。

从信号传递理论视角来看，研发活动需要大量资金，企业需要依赖外部投资者的资金来支持创新。一方面，产业政策传递着国家产业扶持导向的市场信号（周叔莲等，2008），显示着国家产业发展战略导向，引导市场去追逐行业新兴政策热点（冯飞鹏，2018），以通过产业政策来缓解企业与外界的信息不对称程度。另一方面，政府可以通过接收企业的专利数量与质量、企业创新研发强度等创新信号来选择被扶持对象（余明桂等，2016），同样可以降低外部相关者与企业间的信息不对称程度。产业政策的信号传递作用对企业融资产生重要影响（陈冬华等，2010），受产业政策的激励，受到扶持的企业可以获得更多来自银行的外部融资支持（黎文靖、李耀淘，2014；Bach，2014），使企业的营商环境等得到改善，能够较好地推动产业形成比较优势与技术进步。

（五）利益相关者理论

利益相关者理论（Stakeholder Theory）是 20 世纪 60 年代左右，在美国、英国逐步产生和发展起来的。与传统的股东至上理论不同的是，该理论认为任何一个公司的发展都离不开各种利益相关者的投入或参与，他们都是风险的承担者，应该分享剩余权。Ansoff（1965）是最早正式使用"利益相关者"一词的经济学家，他认为"要制定理想的企业目标，必须综合平衡考虑企业的诸多利益相关者之间相互冲突的索取权"。虽然对于利益相关者的定义多有争议，但 Freeman（1984）对于利益相关者的划分受到了普遍认可，其认为任何能够影响组织目标的实现或受这种实现影响的群体或个人均为利益相关者，这包括地方及中央政府、地方社区、股东、消费者、债权人、员工、媒体、供应商、公益团体、抗议团体、竞争对手、工会、业界团体等，企业与各利益相关者长期进行博弈与合作。

本书的主要利益相关者主要体现在产业政策的制定与实施者——政府与产业政策的受益者与创新的主体——企业之间，政府与企业间存在着密切的政治和社会利益关系，企业除承担增加利润、上缴利税的经济目标外，还要承担一些社会和政治责任（周亚虹等，2015）。政府对企业实施的产业扶持政策可以达到创造大量地方就业，吸收失业人员（唐清泉、罗党论，2007），促进区域、产业和行业发展（郭玥，2018），改善投资环境，提高地方政府财政收益等社会政治和经济目的（潘越等，2009）。

政府是企业重要的利益相关者，政府的相关政策、干预手段会影响微观企业的研发活动。企业也会依赖政府所提供的资源,为了追求研发产出水平,企业会尽力满足政策的要求以获得优惠补贴,企业对于资源的利用亦会影响政策效果的发挥,两者相辅相成,因此利益相关者理论为本书的分析提供了必要的指导。

二、研究方法

(一) DID 分析法

双重差分法(Difference-in-Differences,DID),又名倍差法,是政策评估的非实验方法中常用的一种方法,双重差分法之所以受到越来越多学者的青睐,主要是因为:①双重差分法估计可以避免内生性问题的困扰,并且减少遗漏变量偏误问题。②传统方法下评估政策效应主要是通过设置一个政策发生与否的虚拟变量然后进行回归,相较而言,双重差分法的模型设置更加科学,能更加准确地估计出政策效应。③双重差分法的原理和模型设置较简单,容易理解和运用。

双重差分法是研究处理效应(Treatment Effects)的方法。一般来说,DID 分析法的使用场景为,在面板数据中,个体可分为两类,即受到政策冲击的处理组(Treatment Group,也称实验组)与未受政策影响的控制组(Control Group,也称对照组)。重点落在政策冲击和是否受到政策冲击,通过引入虚拟变量来实现,即政策冲击前后(Pre-Post)设为 0 和 1,是否受到政策冲击(Control-Treat)设为 0 和 1。

$$Treat_i = \begin{cases} 1, & 若\ i \in 实验组 \\ 0, & 若\ i \in 对照组 \end{cases}$$

$$Post_i = \begin{cases} 1, & 若\ i \in 政策实施后 \\ 0, & 若\ i \in 政策实施前 \end{cases}$$

怎样能够体现出政策的净效应呢？在政策冲击下，对照组在政策实施后也会有变化，即增加了 α_2，但实验组在受到政策冲击后产生的变化更明显，比对照组的变化增加了 α_3，这一点可以通过表3-1来体现。

表3-1 双重差分法原理表

	政策实施前 （Post = 0）	政策实施后 （Post = 1）	差异
实验组（Treat = 1）	$\alpha_0 + \alpha_1$	$\alpha_0 + \alpha_1 + \alpha_2 + \alpha_3$	$\alpha_2 + \alpha_3$
对照组（Treat = 0）	α_0	$\alpha_0 + \alpha_2$	α_2
差异	α_1	$\alpha_1 + \alpha_3$	α_3

更进一步地，DID分析法的思想与表3-1的内容可以通过图3-1来体现。

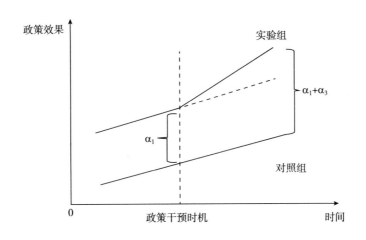

图3-1 DID分析法原理示意

图3-1中虚线表示假设政策并未实施时处理组的发展趋势。事实上，图3-1反映了DID分析法最为重要和关键的前提条件：共同趋势（Common Trends），也就是说，处理组和对照组在政策实施前必须具有相

同的发展趋势。

双重差分法的基本思想就是通过对政策实施前后对照组和处理组之间差异的比较构造出反映政策效果的双重差分统计量，将该思想与表 3-1 的内容转化为简单的模型（3-1），这时只需要关注模型（3-1）中交互项的系数，就得到了想要的 DID 分析法下的政策净效应。传统 DID 分析法的模型常设计为：

$$y_{it} = \alpha + \beta Treat_i + \gamma Post_t + \delta Treat_i \times Post_t + \eta' x_{it} + \varepsilon_{it} \qquad (3-1)$$

式中，Treat 为分组虚拟变量，若个体 i 受政策实施的影响，则个体 i 属于处理组，对应的 Treat 取值为 1；若个体 i 不受政策实施的影响，则个体 i 属于对照组，对应的 Treat 取值为 0。Post 为政策实施虚拟变量，政策实施之前 Post 取值为 0，政策实施之后 Post 取值为 1。Post×Treat 为分组虚拟变量与政策实施虚拟变量的交互项，其系数处理组虚拟变量 Treat 捕捉了处理组的组别效应（处理组与控制组的固有差别），处理期虚拟变量 Post 控制了处理期的时间效应（处理期前后的固有时间趋势），x 为其他控制变量，而交互项 $Treat_i \times Post_t$ 则代表了处理组在处理期的真正效应（受到政策冲击的效应），这正是我们关心的处理效应。之后进行 OLS 估计即可。

此外，经典 DID 分析法是在传统 DID 分析法模型上控制了个体固定效应（Individual Fixed Effects）和时间固定效应（Time Fixed Effects），并去除单独变量。模型如下：

$$y_{it} = \alpha + \delta Treat_i \times Post_t + \mu_i + \lambda_t + \eta' x_{it} + \varepsilon_{it} \qquad (3-2)$$

式中，μ_i 为个体固定效应，更为精确地反映了个体特征，替代了原来粗糙的政策分组变量 $Treat_i$；λ_t 为时间固定效应，更为精确地反映了时间特征，替代了原来粗糙的政策时间变量 Post。

从 DID 分析法的模型设置来看，要想使用 DID 分析法必须满足以下两个关键条件：一是必须存在一个具有试点性质的政策冲击，这样才能找到处理组和对照组，那种一次性全铺开的政策并不适用于 DID 分析；二是必须具有一个相应的至少两年（政策实施前后各一年）的面板数据集（陈强，2014）。

（二）中介效应分析法

我们分析自变量 X 对因变量 Y 产生的影响，如果变量 X 通过影响变量 M 来影响变量 Y，那么这个变量 M 就是中介变量（Mediator），发挥的是中介效应。中介效应分析是检验某一变量是否成为中介变量，发挥何种程度中介作用的重要步骤（Judd and Kenny，1981）。

假设所有变量都已经中心化（即均值为零），可用图 3-2 和图 3-3 来描述变量之间的关系。图 3-2 是自变量 X 作用于因变量 Y，路径系数为 c。由于不涉及第三变量，所以系数 c 代表了自变量作用于因变量的总效应。图 3-3 是在控制中介变量 M 后，自变量 X 和因变量 Y 之间的关系，其中系数 a 代表自变量作用于中介变量的效应，系数 b 表示中介变量作用于因变量的效应，两者构成图中变量间关系的间接效应，系数 c′ 代表考虑在控制中介变量后，自变量作用于因变量的效应，也就是自变量和因变量之间的直接效应。那么，图 3-3 中的变量间总效应就应该等于直接效应加上间接效应，即总效应 = ab+c′。将图 3-2 和图 3-3 结合就得到 c = ab+c′，c 为总效应，c′ 为直接效应，ab 为中介效应，也称间接效应。我们做中介效应分析就是要检验 ab 效应是否存在，以及它在总效应中的占比，体现中介效应的作用程度。

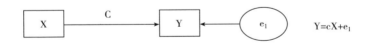

图 3-2 主效应分析示意图

建立逐步检验回归方程：

$$Y = cX + e_1 \tag{3-3}$$

$$M = aX + e_2 \tag{3-4}$$

$$Y = c'X + bM + e_3 \tag{3-5}$$

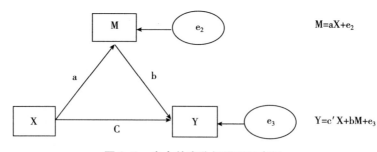

图3-3　中介效应分析原理示意图

在模型中，c是X对Y的总效应，a、b是经过中介变量M的中介效应，c'是直接效应。当只有一个中介变量时，总效应=直接效应+中介效应（c=c'+ab）。至于部分中介效应，指直接效应和中介效应都存在，即X一部分直接对Y产生影响（系数c'显著），另一部分通过中介变量M对Y产生影响（系数a、b显著）。而完全中介效应就是X不能直接对Y产生影响，必须通过M来传导，此时系数c'为0，c=ab。

因果逐步检验回归系数方法分为三步（Judd and Kenny，1981；Baron and Kenny，1986；温忠麟等，2004）：

第一，分析X对Y的回归，检验方程（3-3）中回归系数c的显著性，也就是自变量X对因变量Y的总效应（即检验H_0：c=0）；

第二，分析X对M的回归，检验方程（3-4）中回归系数a的显著性（即检验H_0：a=0），也就是自变量X和中介变量M的关系；

第三，方程（3-5）中的系数c'是在控制了中介变量M的影响后，自变量X对因变量Y的直接效应，系数乘积ab即为中介效应，等于间接效应。分析加入中介变量M后X对Y的回归，检验回归系数b和c'的显著性（即检验H_0：b=0、H_0：c'=0）。

根据检验结果按图3-4进行逐步判断：

系数c不显著，即中介效应被拒绝；

系数a显著，且系数b显著，同时满足以上两个条件，则中介效应显著；在满足以上两个条件的同时，在方程（3-3）中，系数c'不显著，则称为完全中介效应。

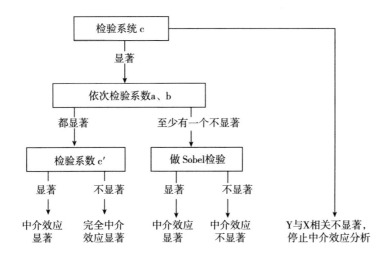

图3-4 中介效应分析示意图

其中，中介检验方法最常用的就是 Sobel 检验（MacKinnon et al.，2002；温忠麟等，2004）。Sobel 检验法就是用中介效应估计值 ab 除以中介效应估计值 ab 的标准误得到一个 z（z=ab/Sab），将这个 z 值和基于标准正态分布的临界 z 值进行比较，如果 z 值大于临界 z 值，说明中介效应存在，如果 z 值小于临界 z 值，说明中介效应不存在。临界概率 $p<0.05$ 的 z 值为 $z\alpha/2>0.90$ 或 $z\alpha/2<-0.90$；$p<1\%$ 水平的临界值约为 2.58（Sobel，1982）。

第四章
研究假设与研究设计

一、研究假设

（一）产业政策对企业创新研发投入/产出的影响

正如前述理论分析和文献综述中所提到的，由于企业的创新研发活动具有风险高、资金需要量大、周期长、收益外溢性明显等特点，使得单纯依靠市场的力量难以做到资源的最优化配置，由此产生了市场失灵现象，而政府利用产业政策来干预经济发展，进而能帮助企业获取更多的创新资源与渠道、降低创新风险性、减少创新资源浪费（Hausmann and Rodrik，2003）。信号传递理论认为，选择性产业政策指明了政府会扶持或重点扶持哪些产业，向市场传递了积极的引导性信号（周叔莲等，2008），使各种资源向受扶持产业的企业倾斜，从而使受扶持企业形成资源优势。而功能性产业政策还能通过降低市场准入、优化金融与法律环境及放松行政管制等方式，改善企业营商环境，提升受政策支持产业的市场竞争程度与竞争能力，从而促进企业创新（余明桂等，2016）。从国内外研究中可以看到，虽然国内外仍有学者认为产业政策难以激励企业增加技术创新的投入或产出，存在挤出效应，但大多数学者仍然支持政府能够通过产业政策来促进企业的技术创新投入与企业创新产出的提升。因此，基于以上论述，提出如下假设：

H1：产业政策可以促进企业技术创新。

H1a：产业政策可以促进企业技术创新投入。

H1b：产业政策可以促进企业技术创新产出。

（二）选择性产业政策之一——政府补贴的中介效应

产业政策促进企业创新，往往需要借助各种政策手段来实现，而财政补贴则是政府实施产业扶持政策中常用的手段之一（余明桂等，2016）。国内外学者关于政府补贴对企业创新的影响效应争论比较激烈。Scott（1984）以企业R&D投入为被解释变量、以政府R&D投入为解释变量进行了OLS估计，得到两者是正向关系，即政府补贴激励企业增加技术创新投入。Wallsten（2000）使用美国数据的研究则得出了不同的结论，证实了政府R&D补贴的挤出效应。Dominique和Bruno（2000）调和了这两种对立观点的矛盾，认为随着政府补贴的增加，政府补贴的促进效果会增强，当达到一定值后，政府的资助会挤出企业的创新投入，即两者关系呈倒U形曲线。应该说，政府补贴为企业创新活动提供了资金支持，同时也传递出积极的市场信号，帮助企业获得开展创新活动所需的资源，改善创新环境（杨洋等，2015），降低了创新投入的边际成本与创新风险，进而提升企业创新绩效（孙早、宋炜，2012）。国内外大多数学者的研究支持政府能够通过补贴来激励和引导企业的创新，因此，基于以上论述，提出如下假设：

H2：产业政策能通过政府补贴的中介效应提高受支持企业创新研发。

（三）选择性产业政策之二——税收优惠的中介效应

税收优惠也是政府进行产业调整、激励企业创新的重要工具之一。税收优惠是向 OECD 国家中小企业分配公共资金的主要来源（Cunningham et al.，2013；OECD，2014）。欧盟有 25 个成员国使用研发税收激励措施，以努力促进企业的研发投资，提高生产力和经济增长（EC DGRI，2017）。McKenzie 和 Sershun（2010）通过对 9 个 OECD 国家的制造公司分析认为，无论研发资金是由公共基金还是私人基金提供，研发收益都是正的。Cappelen 等（2010）在评价 2002 年推出的挪威研发税收抵免计划时发现，该计划是具有成本效益的，被多数企业所使用。曹平和王桂军（2018）基于中国 2001~2010 年工业企业数据检验了选择性产业政策对企业创新的促进作用可以通过税收优惠等来实现。林洲钰等（2013）根据中国专利数据库的数据研究认为，税收优惠激励的强度与企业技术创新水平之间呈显著的倒 U 形曲线关系，当激励强度低于某一临界值时，税收优惠政策显著促进了企业技术创新；但当激励强度超过该临界值时，税收优惠政策对企业技术创新反而会产生抑制作用。

税收优惠政策可以弥补创新过程中存在的市场失灵现象（Cropper et al.，1992），通过降低资本成本与创新成本影响技术创新活动的决策（Mamuneas and Nadiri，1996），对企业的创新产生正面的促进作用（Klassen et al.，2004）。因此，尽管存在各种研究结果的差异，但大多数研究确实显示出积极的结论，即产业政策能够通过向受扶持行业提供的税收优惠，达到促进企业创新的目的。基于以上论述，提出如下假设：

H3：产业政策能通过税收优惠的中介效应提高受支持企业创新研发。

（四）功能性产业政策之一——市场化进程的中介效应

与选择性产业政策不同的是，功能性产业政策是通过优化市场环境，包括降低市场准入门槛、改善金融市场环境、健全法律制等措施，以期更好地发挥市场的调节作用，达到促进企业创新的目的的（黄先海、陈勇，2003）。企业 R&D 的动机之一即需求拉动，该学说认为企业的研发与创新是为了满足市场的需求而进行的（Schmookler，1966）。Scherer（1982）、Jaffe（1988）以及 Pakes 和 Schankeman（1984）也从各个层面对该学说进行了论证。社会经济的需求在不断更新换代，企业只有不断地创新才能满足社会的需求。但是由于 R&D 投入的结果具有高度的不确定性，需要良好的外部制度环境予以支持，由于中国处在经济转型过程中，各种外在环境因素影响着中国企业的生产经营活动。在市场化程度不同的地区，企业所面对的是差异显著的市场环境、金融环境和法律制度环境等，市场化程度低的地区往往要面临市场发展不充分、市场制度不健全、资源匮乏等问题（解维敏、方红星，2011；Poncet et al.，2010），相同的资源在市场化程度不同的环境下给企业带来的效用也会存在较大的区别。刘迎秋、徐志祥（2006）在调查了全国 10 个省份的 822 家民营企业的自主创新情况后发现，市场化程度高的省份，民营企业的自主创新活动比较活跃，创新的整体水平较高。可见，有效的市场环境有助于企业的创新活动，并且由于法律的规范性高，知识产权的保护相对更好，创新的外部性得到有效抑制，企业的创新收益可以通过市场获得实现。因此，市场化程度高的地区，为满足社会的需求，企业只有不断地进行研发创新，以应对激烈的市场竞争，才能得到可持续的发展。

我国学者樊纲、王小鲁等（2011）构造的中国市场化指数指标通过对政府与市场的关系、非国有经济的发展、产品与要素市场发育程度、市场中介组织的发育和法治环境等方面的综合测评，反映了中国各省份的市场化进程，而在不同市场化程度下，产业政策对企业创新的影响将会有所差异。基于以上论述，提出如下假设：

H4：产业政策能通过市场化进程的中介效应提高受支持企业创新研发。

（五）功能性产业政策之二——市场竞争的中介效应

随着市场竞争程度的加剧，企业为了寻求更大的盈利机会，必须持续不断地创新，进而寻求核心自主技术的突破，才能在激烈的市场竞争中获取生存和获利的空间（吕一博、苏敬勤，2007），形成竞争逃离效应。但竞争的加剧却导致了市场风险的加大，同时，激烈的市场竞争可能会造成生产要素价格的上涨和最终产品价格的下降，从而压缩企业的利润空间，竞争逃离效应逐渐被削弱（Aghion et al.，2001），反而有可能制约企业的创新。但在中国目前的情景下，更多学者的研究认为，竞争，而非垄断更有利于企业创新（白明、李国璋，2006）。例如，余明桂等（2016）依据 2001~2011 年我国上市公司及其子公司的专利数据，实证分析了产业政策的作用机制和影响路径，发现信贷、税收、补贴、市场竞争等能够促进重点鼓励行业中企业的技术创新，其中，产业政策能够通过市场竞争机制促进一般鼓励行业中企业的技术创新，而其余三种机制的作用不显著。以 A 股制造业上市企业为样本，谭周令（2017）研究了中国产业政策的作用机制，认为税收减免和政府补贴的影响效应并不显著，市场竞争促进产业政策对国有和非国有企业的自主创新都具有显著的正向作用，且对非国有制造业企业创新的激励作用更强。竞争增加了企业的生存压力，竞争的各方相互成为创新信息的重要来源（Liu et al.，2014），竞争促进了创新知识在竞争者之间的扩散（Blazsek and Escribano，2016），进而促进了企业的创新活动（Vossen，1999；Gu，2015）。基于以上论述，提出如下假设：

H5：产业政策能通过市场竞争的中介效应提高受支持企业创新研发。

二、模型的构建与变量的选取

（一）模型的构建

运用双重差分法考察产业政策与企业技术创新投入/产出之间的关系。公式如下：

$$R\&D_{i,t} = \alpha_0 + \alpha_1 Post + \alpha_2 Treat_j + \alpha_3 Post \times Treat_j + \sum Control + \varepsilon_{i,t}$$

$$(4-1)$$

式中，R&D 为企业研发强度。下标 i 表示公司，t 表示年度，j 表示公司所处行业。Post 表示"十三五"规划这一变更事件，2016 年之前等于 0，2016 年及以后等于 1。Treat 用来区分实验组和控制组，Treat = 1 为实验组，即产业政策新增扶持的行业，Treat = 0 为控制组，表示未被产业政策扶持的行业。根据双重差分模型的分析原理，α_0 是常数项，$\alpha_1 + \alpha_2$ 代表控制组（Treat = 0）在产业政策实施前后的差分；$\alpha_1 + \alpha_2 + \alpha_3$ 是实验组（Treat = 1）在产业政策实施前后的差分，代表产业政策变更和其他因素共同作用的结果。两者对照可知，控制组和实验组之间的真实差异就是 α_3，它是剔除其他混杂因素后，产业政策的变更给受扶持企业的创新带来的净增量，也是本书关注的重点。Control 是考虑到对产业政策的效果有影响的一组控制变量，包括盈利能力（ROE）、企业总资产规模（Size）、固定资产比重（Tangible）、资本结构（Lev）、经营活动现金流量（Cfo）、企业的成长性（Growth）、上市年限（Age）、产权性质（SOE）、年度效应（Year）以及行业效应（Industry）等。ε 为模型的残差。

此外，由于产业政策扶持对企业创新的影响具有时效性和滞后性的特点，其效应可能会随着时间推移而有所变化。因此，借鉴范子英等（2016）、孟庆玺等（2016）的研究方法，为考察该影响每一年度的动态变化，将上述模型中产业政策激励的效应在各年度中进行平均分解。计量模型设置如下：

$$R\&D_{i,t} = \alpha_0 + \alpha_1 Post + \alpha_2 Treat_j + \alpha_3 \sum_{t=2016}^{t=2019} D_t \times Treat_j + \sum Control + \varepsilon_{i,t}$$

$$(4-2)$$

式中，下标 i 表示公司，t 表示公司和年度，j 为公司所处行业；D 为年度变量，分别取值 2016 年、2017 年、2018 年和 2019 年。α_3 表示度量剔除其他混杂因素后，每一个年度产业政策扶持给企业研发强度带来的净效应，即本书重点关注的系数。其他变量均与模型（4-1）保持一致。ε

为模型的残差。

在主效应分析后,将产业政策对企业创新影响的作用机制进行研究。运用中介效应理论,分别从选择性产业政策和功能性产业政策这两类产业政策的角度分别进行考察。鉴于政府实施选择性产业政策中最常用的产业政策工具主要包括政府补贴和税收优惠(Aghion et al.,2015;宋凌云、王贤彬,2013),因此,本书选取这两个产业政策工具来度量选择性产业政策对企业创新影响的作用机制。就功能性产业政策而言,参考刘江会、唐东波(2010),樊纲等(2011),李增泉、刘凤委等(2012)以及周方伟、杨继东(2020)等的研究,选择能代表功能性产业政策效果的企业市场化进程和市场竞争程度这两个视角,来分析功能性产业政策影响企业创新的作用机制。

在计量模型的设计上,参考温忠麟等(2004)的做法,在主效应分析显著的前提下,先考察解释变量对中介变量的影响,再将中介变量纳入模型,考察其对被解释变量的影响。在研究方法上,则在双重差分模型的基础上进行中介效应分析,具体计量模型设计如下:

$$\text{Mediator}_{i,t} = \alpha_0 + \alpha_1 \text{Post} + \alpha_2 \text{Treat}_j + \alpha_3 \text{Post} \times \text{Treat}_j + \sum \text{Control} + \varepsilon_{i,t} \tag{4-3}$$

$$\text{R\&D}_{i,t} = \alpha_0 + \alpha_1 \text{Post} + \alpha_2 \text{Treat}_j + \alpha_3 \text{Post} \times \text{Treat}_j + \alpha_4 \text{Mediator}_{i,t} + \sum \text{Control} + \varepsilon_{i,t} \tag{4-4}$$

式中,Mediator 是指不同的中介变量,包括政府补贴(Sub)、税收优惠(Tax)、市场化进程(Market)和产品市场竞争程度(HHI)四种产业政策。下标 i 表示公司,t 表示公司和年度,j 表示公司所处行业。模型(4-3)与模型(4-1)类似,我们重点关注的是 α_3,即剔除了其他因素后,选择性产业政策扶持给企业带来的资源效应和功能性产业政策给企业带来的竞争效应。模型(4-4)将中介变量加入模型后考察对被解释变量的影响,此处重点关注的是 α_3 和 α_4,其中 α_3 即剔除了其他因素后,产业政策扶持给企业创新带来的净效应,其显著性可以帮助我们判断产业政策究竟通过何种机制影响企业创新，α_4 即不同产业政策作用机制的系数。ε 为残差。

（二）变量的选取

1. 被解释变量

被解释变量为企业创新（R&D），包括企业创新投入和企业创新产出两个方面。

（1）对于企业创新投入的衡量，主要体现为研发强度指标，在现有文献中它的计算方式主要有三种：①研发投入/营业收入（陈远燕，2016）；②研发投入/平均总资产（解维敏等，2011；余明桂等，2016）；③研发投入/总支出（刘虹等，2012）。在参考康志勇（2013）、李汇东等（2013）、张济建等（2017）的研究基础上，借鉴刘鑫、薛有志（2015），夏清华、黄剑（2019）等的做法，采用第①种方式度量研发投入的强度（R&D），采用第②种方式对主效应分析的结果进行稳健性检验。

（2）对企业创新产出的衡量。参考 Dosi 等（2006）、Hall 和 Harhoff（2012）、Tan 等（2014）、Tong 等（2014）以及周煊等（2012）的研究，将专利申请数作为衡量企业的创新产出的代理变量。主要原因是：①相对于研发投入强度，创新资源的投入和产出效果的最终体现就是技术创新成果，代表企业技术研发产出结果的专利能很好地提供企业创新的数量、质量、技术细节等信息（Griliches et al.，1991）。因此，专利是衡量技术创新产出的指标（Scherer，1983；Acs and Audretsch，1989；Griliches，1990；唐恒等，2011）。②由于专利授予需要提交检测以及需按时缴纳费用等限制，使其具有较大的时滞性，存在更多的不确定性和不稳定性，也易受非市场因素的影响（Tan et al.，2014），而专利技术很可能在申请过程中就对企业绩效产生影响，因此专利申请数量会比授予量更稳定、可靠和及时（Ernst，2001）。借鉴已有的研究，创新产出使用 Ln（Patent+1）的方法，即用取自然对数后的企业专利申请量来进行衡量（Tong et al.，2014；黎文靖等，2016；余明桂等，2016；逯东、朱丽，2018）。

2. 解释变量

解释变量为产业政策。在已有的研究中较有代表性的是 Aghion 等（2015），他们用政府补贴与税收优惠两个指标来代替产业政策。但这两者仅仅是选择性产业政策的两个常用工具，并不能替代整个产业政策。因此，在参考祝继高等（2015），Chen 等（2017），黎文靖、郑曼妮（2016）以及孟庆玺等（2016）的研究后，采用了文献解读法，即通过对重大产业政策文件进行深入解读与挖掘，对产业政策进行文字抓取，更详细地获取与研究相关的产业政策信息，对产业政策变化动向有更好的理解与分类。相比之下，这种方法能更为全面地解读产业政策的信息。

根据双重差分法的分析原理，分别设置 Post 和 Treat 两个虚拟变量，其中 Post 表示新政策的实施，在本书中即代表第十二个"五年规划"的结束，第十三个"五年规划"的开始，该数值在 2016 年以前取 0，2016 年及以后取 1。Treat 为代表产业政策倾向的虚拟变量，当公司所处的行业是产业政策鼓励发展的行业，则 Treat 取值为 1，否则取值为 0。

我国政府每五年所颁布的"五年规划"对中国的国民经济和社会生活产生了深远的影响，它们为国民经济发展的主要项目提供指导，并帮助实现政府的目标。"五年规划"的一个重要目标是给各种行业提供指导方针，即产业政策（Chen et al.，2017）。因此，本书主要依据的产业政策文件就是《中华人民共和国国民经济和社会发展第十二个五年规划纲要》和《中华人民共和国国民经济和社会发展第十三个五年规划纲要》。通过对这两个纲领性文件进行文本分析，将文件中出现的"发展"、"重点发展"、"鼓励"、"调整"等与政府产业政策倾向有关的词汇，以及"创新"、"研发"、"技术进步"等与企业创新高度相关的文字进行抓取与分析，认为在这些文字描述下的行业即为受产业政策鼓励、未来将大力发展的行业。将其与中国证监会的《上市公司行业分类指引（2001 版）》中的三位代码进行匹配，受产业政策鼓励的行业的 Treat 虚拟变量即设置为 1，不受产业政策鼓励的行业的 Treat 虚拟变量即设置为 0。表 4-1 为整理后的"十二五"和"十三五"两个"五年规划"期间受产业政策鼓励的行业。

表 4-1 "十二五"和"十三五"时期我国受产业政策鼓励行业一览

行业	"十二五"（2011~2015 年）	"十三五"（2016~2020 年）
A01 农业	1	1
A03 林业	1	1
A05 畜牧业	1	1
A07 渔业	1	1
A09 农、林、牧、渔服务业	1	1
B01 煤炭采选业	1	1
B03 石油和天然气开采业	1	1
B05 黑色金属矿采选业	1	0
B07 有色金属矿采选业	1	1
B09 非金属矿采选业	1	0
B50 采掘服务业	1	1
C37 文化体育用品制品业	0	1
C41 石油加工及炼焦业	1	0
C51 电子元器件制造业	1	1
C55 日用电子器具制造业	1	1
C57 其他电子设备制造业	1	1
C59 电子设备修理业	1	1
C65 黑色金属冶炼及压延加工业	1	0
C67 有色金属冶炼及压延加工业	1	0
C69 金属制品业	1	0
C71 普通机械制造业	1	0
C73 专用设备制造业	1	1
C75 交通运输设备制造业	1	1
C76 电器机械及器材制造业	1	1
C78 仪器仪表及文化、办公用机械制造业	1	1
C81 医药制造业	1	1
C85 生物制品业	1	1
D01 电力、蒸汽、热水的生产和供应业	1	1
D03 煤气生产和供应业	1	0

行业	"十二五" （2011~2015 年）	"十三五" （2016~2020 年）
D05 自来水的生产和供应业	1	1
F01 铁路运输业	1	1
F03 公路运输业	1	1
F07 水上运输业	1	0
F09 航空运输业	1	1
G81 通信及相关设备制造业	1	1
G83 计算机及相关设备制造业	1	1
G85 通信服务业	1	1
G87 计算机应用服务业	1	1
H03 能源、材料和机械电子设备批发业	0	1
K01 公共设施服务业	1	1
K10 邮政服务业	1	1
K20 专业、科研服务业	0	1
K30 餐饮业	0	1
K34 旅游业	0	1
K36 娱乐业	0	1
K39 租赁业	0	1
K99 其他社会服务业	0	1
L05 声像业	0	1
L99 其他传播、文化产业	0	1

其他细分行业为两个"五年规划"均未予以鼓励与扶持的行业。

3. 中介变量

在讨论产业政策扶持的作用机制时，本书涉及的产业政策工具主要有代表选择性产业政策工具的政府补贴、税收优惠，以及代表功能性产业政策工具的企业市场化进程和产品市场竞争四个中介变量。

（1）政府补贴（Sub）。借鉴宋凌云等（2013）、储德银等（2017）的研究，使用与创新有关的政府补贴的自然对数表示，以消除企业的规模影响。

（2）税收优惠（Tax）。结合 Shevlin（1987），吴文峰等（2009），马伟红（2011），郑春美、李佩（2015）的研究方法，以利润总额×（名义税率−实际税率），然后取自然对数的方法来表示税收优惠，同样消除企业的规模的影响。

（3）市场化进程（Market）。对各地区的市场化进程进行定量化衡量是一项难度极大的工作。樊纲等（2011）在借鉴国内外相关的市场化测度体系的基础上，通过对中国市场化进程的内在机理和影响因素的深入研究，提出了中国各省份市场化指数的概念和测度的理论与方法。在实证研究上，该指数受到了较多学者的普遍认可（方军雄，2006；党文娟等，2008；冯宗宪等，2011；戴魁早、刘友金，2013；杨兴全等，2014；孙早等，2014；逯东、朱丽，2018），因此，衡量市场化进程的中介变量可以使用该指数。该指数的具体指标体系如表4-2所示。

表4-2　市场化进程指数的指标体系一览

市场化进程一级指标	市场化进程二级指标	市场化进程三级指标
1. 政府与市场的关系	1a 市场分配经济资源的比重	
	1b 减少政府对企业的干预	
	1c 缩小政府规模	
2. 非国有经济的发展	2a 非国有经济在工业企业主营业务收入中所占比例	
	2b 非国有经济在全社会固定资产总投资中所占比例	
	2c 非国有经济就业人数占城镇总就业人数的比例	
3. 产品市场的发育程度	3a 价格由市场决定的程度	
	3b 减少商品市场上的地方保护	

市场化进程一级指标	市场化进程二级指标	市场化进程三级指标
4. 要素市场的发育程度	4a 金融业的市场化	（4a1）金融业的竞争
		（4a2）信贷资金分配的市场化
	4b 人力资源供应条件	（4b1）技术人员供应情况
		（4b2）管理人员供应情况
		（4b3）熟练工人供应情况
	4c 技术成果市场化	
5. 市场中介组织的发育和法治环境	5a 市场中介组织的发育	（5a1）律师、会计师等市场中介组织服务条件
		（5a2）行业协会对企业的帮助程度
	5b 维护市场的法治环境	
	5c 知识产权保护	

2011~2019 年中国 31 个省份市场化指数具体情况如表 4-3 所示。

表 4-3　2011~2019 年中国 31 个省份市场化指数一览

年份 地区	2011	2012	2013	2014	2015	2016	2017	2018	2019
北京	8.10	8.75	9.12	9.37	8.89	9.14	9.40	9.66	9.93
天津	7.43	9.02	9.42	9.29	9.44	9.78	10.13	10.50	10.86
河北	5.18	5.44	5.61	6.03	6.32	6.42	6.52	6.62	6.73
山西	4.59	4.79	4.97	5.15	5.48	5.66	5.85	6.04	6.23
内蒙古	4.53	5.19	5.19	4.96	4.84	4.80	4.76	4.72	4.68
辽宁	6.32	6.53	6.57	6.88	6.66	6.75	6.84	6.93	7.03
吉林	5.55	6.06	6.11	6.27	6.47	6.70	6.94	7.18	7.43
黑龙江	4.94	5.94	6.12	6.16	6.00	6.14	6.28	6.43	6.58
上海	8.89	8.70	8.94	9.77	9.73	9.93	10.13	10.34	10.55
江苏	9.18	9.94	9.86	9.64	9.30	9.26	9.22	9.18	9.14
浙江	8.31	9.28	9.37	9.73	10.00	9.97	9.94	9.91	9.88

续表

年份 地区	2011	2012	2013	2014	2015	2016	2017	2018	2019
安徽	6.42	6.25	6.50	7.40	6.98	7.09	7.20	7.32	7.43
福建	6.91	7.33	7.47	8.09	8.96	9.15	9.34	9.54	9.74
江西	5.80	5.68	5.83	6.74	6.82	7.04	7.27	7.50	7.74
山东	6.85	7.24	7.39	7.76	7.85	7.94	8.03	8.12	8.22
河南	6.19	6.34	6.51	6.85	7.05	7.10	7.15	7.20	7.25
湖北	5.70	6.21	6.58	7.16	7.35	7.47	7.59	7.72	7.84
湖南	5.68	5.70	5.84	6.78	7.09	7.07	7.05	7.03	7.01
广东	7.88	8.33	8.64	9.30	9.68	9.86	10.04	10.23	10.42
广西	5.31	6.19	6.31	6.48	6.26	6.43	6.60	6.78	6.96
海南	4.76	5.46	5.68	5.87	5.21	5.28	5.35	5.42	5.49
重庆	6.32	6.94	7.22	7.80	7.69	8.15	8.64	9.15	9.67
四川	5.81	6.03	6.18	6.52	7.01	7.08	7.15	7.22	7.29
贵州	3.59	4.33	4.49	4.81	4.52	4.85	5.20	5.58	5.96
云南	5.08	4.39	4.45	4.81	4.43	4.55	4.67	4.80	4.93
西藏	0.01	0.02	-0.23	0.71	1.00	1.02	1.04	1.06	1.08
陕西	4.31	5.11	5.62	6.29	6.21	6.57	6.95	7.35	7.76
甘肃	3.37	3.26	3.49	3.86	4.50	4.54	4.58	4.62	4.66
青海	2.33	2.55	2.76	2.53	3.13	3.37	3.63	3.91	4.18
宁夏	3.91	4.28	4.38	5.15	4.95	5.14	5.34	5.54	5.75
新疆	2.88	2.87	2.92	3.45	4.15	4.10	4.05	4.00	3.95

（4）产品市场竞争程度（HHI）。Kale 和 Loon（2011）从行业内市场势力与行业竞争两个方面总结了对于产品市场竞争的衡量，主要指标包括行业集中度、HHI 指数、勒纳指数、行业平均利润率等（许罡、朱卫东，2017）。根据已有相关研究的做法（姜付秀等，2009；邢立全、陈汉文，2013；张济建等，2017），采用赫芬达尔—赫希曼指数（Herfindahl-Hirschman Index，HHI）这一体现行业集中程度的指标来进行产品市场竞争的测度。它是一个行业中各市场竞争主体所占行业总收入或总资产百分比的平方和，用来计量市场份额的变化，即市场中厂商规模的离散度。

HHI 越大，表示市场集中程度越高，垄断程度越高。

4. 控制变量

参考周煊等（2012）、鞠晓生等（2013）、Tong 等（2014）、毕晓方等（2017）的研究，在公司层面的控制变量控制了一些有可能对于企业技术创新存在影响的因素，包括企业规模、资产负债率、企业成长性、盈利能力、产权性质、企业年龄、固定资产比重和企业现金流量等。

（1）企业规模（Size）。冯飞（1995）在影响企业 R&D 行为的因素研究中，认为企业规模是影响企业创新的因素之一。方大春等（2016）运用随机前沿分析法（SFA）对 2009~2013 年中国高新技术产业创新效率进行分析，结论显示企业规模对创新效率具有显著影响。规模不同的企业在创新中具有不同的特点，一般来说，大企业拥有资源的数量优势，创新组织更规范；而小企业具有更积极主动参与创新以获取竞争优势的动力，因此更具有创新活力。

（2）资产负债率（Leverage）。企业创新对研发资金的需求量较大，在融资过程中，企业财务杠杆的现状将会对企业决策层与外部投资者或债权人的决策造成重要的影响。主要表现在较低的资产负债率下，企业或资金提供者将会加大对企业创新的投入力度，但是较高的财务杠杆将会使企业面临更高的财务风险，因此对于研发的投资将会持更为谨慎的态度，从而影响企业的创新（汪晓春，2002）。

（3）企业成长性（Growth）。企业的成长性代表着企业的发展能力，包括资产的增长、销售的增长和利润的增长等方面。运用面板向量自回归模型，Alex 和 Rao（2010）研究认为随着销售额的增长和就业率的增加，公司增加了它们的总研发支出。祝继高、陆正飞（2009）的研究认为，高成长企业会增加更多的现金，以满足投资的需要。

（4）盈利能力（ROE）。王任飞（2005）基于 2000~2003 年中国电子信息行业百强企业的数据，验证了企业利润率对研发支出的绝对额和研发投入强度都有正效应，即企业的盈利能力越强，越有利于技术创新。这是因为企业的盈利可以为规模较大的企业创新投资活动提供充足的保障。

（5）产权性质（SOE）。已有的研究一般依据第一大股东的产权性质将上市公司划分为国有企业和非国有企业。Lee（2003）的研究认为，不同的产权结构导致了企业不同的创新业绩。经济转型中，我国企业虽然所有制形式多样（Liu et al.，2008；Child and Tse，2001），但在特殊的产权制度背景下，国有企业和非国有企业在获取资源和面临的市场环境等方面均具有显著的差异（林毅夫、刘培林，2001；陆正飞等，2009）。刘伟（2010），高洪伟（2011），李玲、陶厚永（2013），张娜等（2015）的研究表明，产业政策促进了非国有企业的创新投入和创新绩效，但是却削弱了国有企业的创新意愿。

（6）企业年龄（Age）。在对企业创新的影响方面，一部分学者认为，随着企业经营的时间和经验的增加，企业的组织能力会逐渐提升（Hannan and Freeman，1984；Phelps，2010），这有助于企业的创新活动。但企业的年龄所带来的运营惯性与组织惰性，反而会阻碍企业的创新（Barron et al.，1994）。杨洋等（2015）的研究也指出，企业年龄会改变企业的组织情境，进而影响企业的创新。

（7）固定资产比重（Tangible）。也称资本密集度，即固定资产占总资产的比重。与劳动密集型企业相比，由于企业创新需要动用大量的资金，因此资本密集型企业对创新的关注更高，实施更频繁，固定资产方面的投资将更多（杨洋等，2015）。

（8）企业现金流量（Cash flow，Cfo）。刘波等（2017）的研究认为，现金流的不确定性可能会对企业的创新决策及企业价值产生显著的影响。企业的创新活动高度依赖于大量、持续的资金支持，拥有充足的现金流能够支持新产品开发，降低企业创新的不确定性，使企业较其竞争对手具有更大的优势（Brown and Petersen，2011）。

参考李莉等（2018），古志辉、马百超（2020），马连福等（2019）的研究，本书设置了对企业创新有影响的企业公司治理（Corporate Governance）层面的控制变量，包括董事会规模（Boardsize）、独立董事比例（Ind）、第一大股东持股比例（Top1）三个指标。

（9）董事会规模（Boardsize）。董事会作为管理者在企业资源配置和创新过程中的作用举足轻重。Lipton 和 Lorsch（1992），Yermack（1996），李常青、赖建清（2004）的研究认为，董事会成员的数量会影响董事会的决策与协调，从而影响董事会决策的效率。马连福等（2016）认为，董事会的网络位置会显著影响企业创新投资。

（10）独立董事（Independent director, Ind）比例。Vafeas（1999）认为更多的独立董事的参与有利于董事会能力的整体提升。姚晓林等（2018）指出，具有技术背景的独立董事能够有效地帮助管理层适时地进行创新与变革战略决策，以提高竞争力。He 和 Wintoki（2016）认为独立董事不仅能提供专业意见，督促管理者进行创新活动，也会注重防范企业在创新投资上的财务风险。

（11）第一大股东持股比例（Top1）。指第一大股东持股份额在公司总股份中所占的比重。若公司有良好的治理机制，可以保证对技术创新活动的有效参与和投入。高度集中的股权结构则很难形成有效的制衡机制和内部监控（马连福、冯慧群，2014）。McConnell 和 Servaes（1990）、Xu 和 Yan（1999）、Qi 等（2000）均证实了上市公司的股权结构对公司的业绩有显著影响，徐向艺、王俊韦（2005）通过研究认为，第一大股东股权高度集中时，会利用控股地位来控制公司的决策行为，从而给企业的创新行为带来重大影响。

（12）行业（Industry）。根据证监会2001年公布的上市公司行业分类指引，除制造业外，各产业均采用行业代码的第一位作为分类的依据（A、B等），而因为制造业是在"五年规划"中涉及最多且最为具体的行业。因此对制造业行业则采用行业大类的两位代码来进行详细分类（C01、C02等）。根据此原则，将各行业共分类为42个。

基于朱斌、李路路（2014），周开国等（2017）的研究成果，为了控制时间效应带来的影响，且不同行业的创新能力存在着较大的差别，因此在后续研究中对控制变量进行了控制，并且控制了企业的年度效应和行业效应。

上述变量的定义如表4-4所示。

表4-4　主要变量及定义

变量类型	变量名称	定义
被解释变量 （R&D）	RD	企业创新投入，研发投入/营业收入
	Patent	企业创新产出，专利申请数量加1取自然对数
解释变量 （IP）	Post	"五年规划"的虚拟变量，在2016年以前为0，在2016年及以后为1
	Treat	产业政策支持，被扶持产业的值为1，未被扶持产业的值为0
中介变量	Sub	政府补贴，政府补贴的自然对数
	Tax	税收优惠，应税收入×（名义税率−实际税率），然后取自然对数
	Market	中国各省的市场化指数
	HHI	行业竞争，Herfindahl-Hirschman 指数
控制变量	Size	企业规模，期末总资产的自然对数
	Leverage	资本结构，总负债/总资产
	Growth	成长性，总资产增长率
	ROE	盈利能力，净利润/净资产
	SOE	产权性质，最终控制人性质为国有企业时，取值1，否则为0
	Age	上市年限，（当年−上市时间+1）的自然对数
	Tangible	固定资产比重，固定资产净额/总资产
	Cfo	现金流，经营活动产生的现金流量净额/期初总资产
	Boardsize	董事会规模，即公司年底正式董事会成员人数的自然对数
	Ind	独立董事比例，独立董事人数/董事会人数
	Top1	公司第一大股东的持股比例
	Industry	划分了42个行业，并生成了42个行业虚拟变量

（三）样本选择与数据的获得

由于受新冠肺炎疫情的影响，2020年我国的国民经济运行受到较大冲击，微观企业经营数据与正常年份相比受到明显的影响而不具有代表性。因此，选取2011~2019年中国 A 股上市公司作为研究样本，并按照研究惯例进行了如下处理：①删除 ST 类公司；②删除金融类公司；③删除股

东权益小于零的公司；④剔除主要研究变量缺失的公司和退市的公司；⑤
为消除极端值的影响，对连续变量的 1% 和 99% 百分位进行 Winsorize 处
理，最终样本为 3146 家企业，19071 个观测值，以下数据报告均基于处理
后的数据结果。

样本甄选过程如表 4-5 所示。

表 4-5 样本筛选过程一览

步骤	样本筛选过程	样本企业数（家）	样本观测值（个）
1	2011~2019 年中国 A 股上市公司	4338	26796
2	删除 ST 类公司	266	2014
3	删除金融类企业	122	776
4	删除股东权益<0 的公司	94	448
5	删除数据不全的公司、退市公司	710	3857
	合计	3146	19071

样本的年度分布情况如表 4-6 所示。

表 4-6 样本年度分布情况一览 　　　　　　　　单位：个

时间		总观测数	受政策支持的观测数	不受政策支持的观测数
第十二个五年规划时期	2011 年	1542	973	569
	2012 年	1717	1092	625
	2013 年	1764	1129	635
	2014 年	1881	1200	681
	2015 年	2080	1330	750
第十三个五年规划时期	2016 年	2374	1344	1030
	2017 年	2757	1577	1180
	2018 年	2916	1657	1259
	2019 年	2040	1202	838
合计		19071	11504	7567

样本的行业分布情况如表4-7所示。

表4-7 样本行业分布情况一览　　　单位：个

行业	总观测数	受政策支持的观测数	不受政策支持的观测数
A 农、林、牧、渔业	259	259	0
B 采掘业	435	428	7
C 制造业	13362	7744	5618
D 电力、煤气及水的生产和供应业	301	280	21
E 建筑业	513	0	513
F 交通运输、仓储业	267	90	177
G 信息技术业	2244	2244	0
H 批发和零售贸易	348	19	329
J 房地产业	198	0	198
K 社会服务业	634	419	215
L 传播与文化	294	21	273
M 综合类	216	0	216
合计	19071	11504	7567

本章中的专利申请数据是通过手工收集国家知识产权局各年的专利申请信息，产业政策数据是通过对《中华人民共和国国民经济和社会发展第十二个五年规划纲要》和《中华人民共和国国民经济和社会发展第十三个五年规划纲要》进行文本分析后进行手工收集，其他的财务数据均来源于国泰安数据库（CSMAR）。使用Stata16.0作为实证分析的软件。

第五章
分析结果

一、描述性统计

表5-1为主要变量的描述性统计结果。就企业的研发强度而言，均值（Mean）仅为4.407%，表明样本公司的研发投入水平仍然不高，且最小值（Min）和最大值（Max）分别是0.02%和25.18%，这说明企业研发投入强度差距较大。就企业发明年度申请数而言，均值仅为2.773个，表明样本公司年度专利申请的数量仍然不高，标准差（Std. Dev.）达到1.599，且年度专利申请数最低的企业与最高的企业差距明显，最小值和最大值分别是0个和6.851个，说明不同企业的专利申请情况数量差异较大。Treat的均值为0.603，说明有60.3%的企业受产业政策支持，介于陈冬华等（2010）"九五"到"十一五"时期所计算的59%和王克敏等（2017）于1998~2013年通过19210个观测值所得到的64.1%的数值之间。税收优惠的统计结果表明，观测样本企业的优惠税率均值为9.567%，中位数（Median）为14.164%，均低于现行的内资企业统一企业税率15%，表明我国至少有一半的企业实际税收负担低于名义税率，有

更多的企业获得了各种税收减免优惠政策，这一情况较"十一五"时期的16.3656%（孟庆玺等，2016）有了一定的改善。

表 5-1　描述性统计

变量	样本数	均值	标准差	最小值	最大值	下四分位数	中位数	上四分位数
RD	19071	4.407	4.353	0.020	25.180	1.690	3.500	5.280
Patent	19071	2.773	1.599	0.000	6.851	1.792	2.833	3.829
Post	19071	0.529	0.499	0.000	1.000	0.000	1.000	1.000
Treat	19071	0.603	0.489	0.000	1.000	0.000	1.000	1.000
Post×Treat	19071	0.303	0.460	0.000	1.000	0.000	0.000	1.000
Sub	19071	0.660	0.743	0.003	4.147	0.191	0.415	0.832
Tax	19071	9.567	7.890	0.000	20.002	0.000	14.164	16.260
Market	19071	8.341	1.690	3.450	10.500	7.090	9.120	9.770
HHI	19071	0.124	0.145	0.016	0.991	0.042	0.079	0.146
Liquidity	19071	2.791	2.927	0.381	18.576	1.225	1.817	3.112
Leverage	19071	0.393	0.199	0.048	0.855	0.231	0.379	0.542
Growth	19071	0.215	0.361	−0.254	2.097	0.026	0.111	0.261
Size	19071	22.035	1.272	19.888	26.075	21.105	21.835	22.734
Cfo	19071	0.047	0.066	−0.137	0.234	0.008	0.045	0.086
Tangible	19071	0.210	0.146	0.005	0.655	0.096	0.182	0.294
Age	19071	1.878	0.923	0.000	3.258	1.099	1.946	2.708
ROE	19071	0.080	0.099	−0.381	0.348	0.037	0.079	0.128
Boardsize	19071	2.126	0.195	1.609	2.708	1.946	2.197	2.197
Ind	19071	0.375	0.054	0.333	0.571	0.333	0.333	0.429
Top1	19071	0.350	0.146	0.088	0.743	0.235	0.333	0.448
SOE	19071	0.313	0.464	0.000	1.000	0.000	0.000	1.000

二、主效应分析

为了降低研究的内生性问题和其他因素的干扰，学者开始越来越多地使用双重差分（DID）分析法（Eissa et al.，1996；周黎安、陈烨，2005；

Baker et al.，2008；周晓艳等，2011；唐为等，2015）来对政策效果进行分析和评价。结合本书研究目的，为了更好地研究产业政策对企业创新的影响，根据我国"十三五"规划这一政策的颁布与实施，根据产业政策变化这一外部政策冲击所形成的准自然实验（Quasi-natural Experiment）（周黎安、陈烨，2005）设计了双重差分模型，通过对比实验组和控制组在政策实施前后的差异，以期分别从创新投入和创新产出两个角度来衡量产业政策对企业创新的影响。

（一）产业政策对企业创新投入的影响

1. DID 分析

（1）平行趋势检验。参考郑新业等（2011），关健、段澄梦（2017）的研究，为了满足双重差分基本假设条件，在进行主效应分析前需要进行平行趋势检验（陈林、伍海军，2015），即实验组与对照组在"十三五"规划实施前后企业研发投入是否有相同趋势，以对双重差分法的适用性进行检验。

"十三五"规划的实施对企业而言是外生的政策冲击；图 5-1 通过

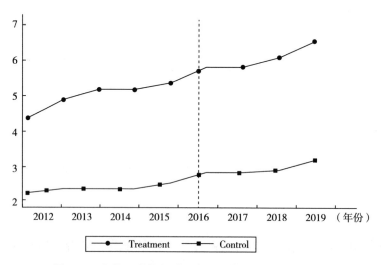

图 5-1 企业研发投入"五年规划"变更及平行趋势

比较可以看到，2016 年"十三五"规划实施前，实验组（受产业政策扶持的行业）与控制组（未受产业政策扶持的行业）的企业 R&D 趋势近乎一致，满足平行趋势假设，而在 2016 年"十三五"规划实施后，两组的R&D 趋势差距逐渐扩大。

（2）产业政策对企业创新投入影响的 DID 分析。表 5-2 为产业政策对企业创新投入影响回归分析：第（1）列不控制任何控制变量，第（2）列控制了控制变量，第（3）列控制了控制变量、产业和年份。排除可能存在的内生性问题后，使用模型（4-1）对产业政策对企业创新投入影响进行双重差分分析，第（3）列的 Post×Treat 系数为 0.382，在 1% 的水平上显著且正相关，说明产业政策对企业的创新投入具有显著的正向促进作用。这与前文的理论分析一致，即 H1a 成立。

表 5-2　产业政策对企业创新投入影响回归分析

变量	(1) RD	(2) RD	(3) RD
Post	0.540 *** (9.60)	0.525 *** (9.21)	0.768 *** (7.11)
Treat	2.633 *** (36.01)	2.123 *** (33.10)	-0.090 (-0.91)
Post×Treat	0.498 *** (4.66)	0.394 *** (4.01)	0.382 *** (3.88)
Liquidity		0.201 *** (9.99)	0.211 *** (10.87)
Leverage		-2.745 *** (-13.03)	-2.352 *** (-11.61)
ROE		-3.320 *** (-9.23)	-2.873 *** (-8.28)
Growth		-0.089 (-0.86)	-0.152 (-1.55)
Size		-0.208 *** (-7.63)	-0.049 * (-1.78)

续表

变量	(1) RD	(2) RD	(3) RD
SOE		-0.216*** (-3.03)	-0.227*** (-3.36)
Cfo		1.933*** (3.94)	1.362*** (3.04)
Tangible		-3.848*** (-19.16)	-0.835*** (-3.78)
Age		-0.329*** (-8.01)	-0.326*** (-8.11)
Boardsize		-0.048 (-0.27)	0.430** (2.54)
Ind		3.613*** (5.92)	2.781*** (5.04)
Top1		-3.529*** (-17.94)	-2.004*** (-11.36)
Constant	2.382*** (60.97)	9.506*** (15.27)	2.371*** (3.77)
Observations	19071	19071	19071
Ajust R^2	0.122	0.270	0.409
F	1025.969	381.064	175.157
Number of id	3146	3146	3146
Year FE	NO	NO	YES
Industry FE	NO	NO	YES

注：括号内的数据为修正后的 T 值；***、**、*分别表示在 1%、5%、10%统计意义上显著。下同。

（3）动态 DID 分析。为了考察产业政策扶持对企业创新投入的影响随时间的推移所产生的动态变化，根据模型（4-2），对数据进一步作动态 DID 的分析，结果如表 5-3 所示。

表 5-3　产业政策对企业创新投入影响动态 DID 分析

变量	（1）RD	（2）RD	（3）RD	（4）RD
Treat	0.122	0.130	0.085	0.081
	（1.30）	（1.37）	（0.91）	（0.87）
year1	0.958***			
	（8.95）			
Treat_year1	0.066			
	（0.47）			
year2		1.004***		
		（9.25）		
Treat_year2		0.005*		
		（0.03）		
year3			1.136***	
			（10.43）	
Treat_year3			0.266*	
			（1.95）	
year4				1.338***
				（11.21）
Treat_year4				0.416***
				（2.61）
Liquidity	0.210***	0.210***	0.210***	0.209***
	（10.82）	（10.82）	（10.83）	（10.81）
Leverage	-2.340***	-2.340***	-2.341***	-2.351***
	（-11.55）	（-11.55）	（-11.55）	（-11.60）
Growth	-0.154	-0.153	-0.151	-0.155
	（-1.56）	（-1.56）	（-1.53）	（-1.58）
Size	-0.049*	-0.049*	-0.049*	-0.048*
	（-1.78）	（-1.78）	（-1.79）	（-1.75）
Cfo	1.360***	1.356***	1.357***	1.334***
	（3.04）	（3.03）	（3.03）	（2.98）
Tangible	-0.821***	-0.821***	-0.825***	-0.826***
	（-3.72）	（-3.72）	（-3.74）	（-3.74）

续表

变量	(1) RD	(2) RD	(3) RD	(4) RD
Age	-0.328*** (-8.16)	-0.328*** (-8.16)	-0.327*** (-8.13)	-0.327*** (-8.13)
ROE	-2.908*** (-8.39)	-2.906*** (-8.38)	-2.889*** (-8.33)	-2.896*** (-8.36)
SOE	-0.229*** (-3.39)	-0.230*** (-3.39)	-0.229*** (-3.38)	-0.229*** (-3.39)
Boardsize	0.427** (2.52)	0.426** (2.52)	0.428** (2.53)	0.426** (2.52)
Ind	2.775*** (5.02)	2.775*** (5.02)	2.779*** (5.03)	2.774*** (5.02)
Top1	-2.011*** (-11.40)	-2.011*** (-11.40)	-2.009*** (-11.38)	-2.007*** (-11.38)
Constant	2.242*** (3.55)	2.237*** (3.55)	2.262*** (3.59)	2.258*** (3.58)
Observations	19071	19071	19071	19071
R^2	0.410	0.410	0.410	0.410
Year FE	YES	YES	YES	YES
Industry FE	YES	YES	YES	YES

如表5-3所示，第（1）~第（4）列分别表示2016~2019年的情况。通过Treat×year系数各年的变化可知，产业政策对企业研发强度的激励作用均为正数，即每年产业政策对企业创新投入都具有激励作用，除Treat_year1不显著外，后续三年Treat_year均显著，且具有先下降后上升的趋势，即第二年该系数最低，之后逐年增加，于最后一年达到最大。之所以第一年的Treat×year的系数不显著，原因可能是"十三五"规划实施到位，需要具体的配套措施来支持，在实施效果上具有一定的时滞性，造成了第一年的系数虽然为正但不显著的结果，在后续的稳健性检验中，将会对此进行进一步的设计和验证。

2. 稳健性检验

在上述研究的基础上，对产业政策对企业创新投入的影响的主效应分析结论进行稳健性检验。

（1）固定效应分析。在固定了控制变量、行业和年份后，将产业政策对企业创新投入的影响进行固定效应双重差分分析，其结果如表5-4所示。

表5-4 产业政策对企业创新投入影响固定效应回归分析

变量	（1）RD	（2）RD	（3）RD
Post	0.344 ***	0.30023 ***	1.285 ***
	(5.01)	(5.06)	(11.86)
Treat	0.799 ***	0.822 ***	−0.0310
	(7.21)	(7.60)	(−0.31)
Post×Treat	0.170	0.211 **	0.178 *
	(1.64)	(2.11)	(1.79)
Liquidity		0.072 ***	0.081 ***
		(2.89)	(3.35)
Leverage		−2.089 ***	−1.797 ***
		(−6.85)	(−5.95)
ROE		−2.944 ***	−2.788 ***
		(−10.42)	(−10.02)
Growth		−0.273 ***	−0.243 ***
		(−3.56)	(−3.25)
Size		−0.137 **	−0.138 **
		(−1.96)	(−2.01)
SOE		−0.923 ***	−0.451 ***
		(−5.60)	(−2.94)
Cfo		−0.709 **	−1.140 ***
		(−2.17)	(−3.45)
Tangible		−0.745 **	0.370
		(−2.27)	(1.09)
Age		0.097 *	−0.146 **
		(1.70)	(−2.44)

续表

变量	(1) RD	(2) RD	(3) RD
Boardsize		-0.196	0.108
		(-0.68)	(0.39)
Ind		-0.650	-0.063
		(-0.85)	(-0.08)
Top1		-1.595***	-0.803**
		(-4.43)	(-2.35)
Constant	3.820***	9.221***	5.897***
	(40.29)	(6.82)	(4.09)
Observations	19071	19071	19071
Ajust R^2		0.362	
F		175.739	
Year FE	NO	NO	YES
Industry FE	NO	NO	YES

如表5-4所示,第(1)列不加任何控制变量,第(2)列控制了控制变量,第(3)列控制了控制变量、行业和年份。在固定效应的DID分析中,第(3)列的Post×Treat系数为0.178,在10%的水平上显著且正相关,稳健地检验了产业政策对企业创新投入具有正向促进效果的结论,即H1a成立。

(2)PSM-DID分析。由于不同类型的企业受产业政策扶持力度不同,因此分组可能存在选择偏差。为了克服控制组和处理组的系统性差异,进一步降低双重差分的估计偏误,采用倾向得分匹配双重差分模型(Propensity Score Matching-Difference in Differences, PSM-DID)进行检验。将Size、Leverage、ROE、Growth和Age变量进行匹配,图5-2为共同支撑假设检验的结果,通过对比匹配前后的核密度图可以看出,匹配后控制组和处理组的平均倾向得分值的核密度分布明显趋于一致,匹配后的样本企业异质性减弱,基本上消除了样本的选择偏差,满足共同支撑假设。证明了PSM效果较好,为下文的PSM-DID的使用奠定了良好基础(见表5-5)。

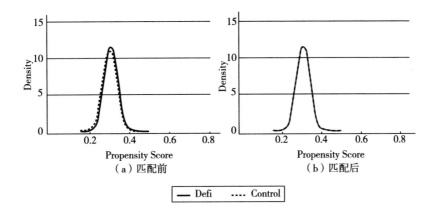

图 5-2 密度函数匹配图

表 5-5 PSM-DID 基准回归结果

变量	(1) RD	(2) RD	(3) RD
Post	0.491***	0.600***	1.543***
	(5.49)	(6.50)	(9.05)
Treat	2.629***	2.147***	-0.0520
	(23.38)	(21.25)	(-0.34)
Post×Treat	0.409***	0.259*	0.287**
	(2.82)	(1.91)	(2.08)
Liquidity		0.183***	0.201***
		(7.25)	(8.09)
Leverage		-3.238***	-2.664***
		(-10.85)	(-9.20)
ROE		-4.079***	-3.386***
		(-7.89)	(-6.77)
Growth		-0.114	-0.164
		(-0.82)	(-1.22)
Size		-0.158***	0.00500
		(-4.10)	(0.12)

变量	(1) RD	(2) RD	(3) RD
SOE		-0.244**	-0.223**
		(-2.41)	(-2.31)
Cfo		1.975***	1.238*
		(2.81)	(1.91)
Tangible		-5.120***	-1.470***
		(-18.09)	(-4.68)
Age		-0.381***	-0.396***
		(-6.67)	(-7.00)
Boardsize		0.0620	0.564**
		(0.26)	(2.49)
Ind		4.636***	3.789***
		(5.50)	(4.98)
Top1		-3.861***	-2.338***
		(-14.16)	(-9.50)
Constant	2.524***	8.549***	0.949
	(39.87)	(9.86)	(1.08)
Observations	11560	11560	11560
Ajust R^2	0.0900	0.251	0.389
F	628.6	240.5	110.7
Year FE	NO	NO	YES
Industry FE	NO	NO	YES

如表5-5所示，第（1）列不加任何控制变量，第（2）列控制了控制变量，第（3）列控制了控制变量、行业和年份。第（3）列的Post×Treat系数体现了产业政策实施在两个组别所形成的净差异，Post×Treat系数为0.287，在5%的水平上显著且系数符号及大小与双重差分检验结果较为一致，进一步稳健地验证了H1a成立。

进一步地，对PSM匹配后的样本数据进行固定效应回归分析，在固定了控制变量、行业和年份后，结果如表5-6所示。

表 5-6　**PSM-DID 固定效应回归分析（RD）**

变量	（1） RD	（2） RD	（3） RD
Post	0. 330 ***	0. 002	0. 714 ***
	(6. 85)	(0. 06)	(8. 51)
Treat	0. 240 ***	0. 077	0. 040
	(2. 99)	(1. 23)	(0. 60)
Post×Treat	0. 094	0. 130 ***	0. 146 ***
	(1. 49)	(2. 61)	(2. 91)
Liquidity		−0. 022 ***	−0. 026 ***
		(−3. 00)	(−3. 57)
Leverage		−0. 164	−0. 016
		(−1. 14)	(−0. 11)
ROE		0. 943 ***	0. 977 ***
		(6. 30)	(6. 50)
Growth		−0. 547 ***	−0. 519 ***
		(−14. 45)	(−13. 60)
Size		−0. 272 ***	−0. 368 ***
		(−7. 91)	(−10. 13)
SOE		−0. 189	−0. 053
		(−1. 49)	(−0. 41)
Cfo		0. 473 **	0. 303
		(2. 19)	(1. 40)
Tangible		−0. 060	−0. 011
		(−0. 33)	(−0. 06)
Age		0. 078 *	−0. 171 ***
		(1. 92)	(−3. 65)
Boardsize		0. 195	0. 264 *
		(1. 42)	(1. 92)
Ind		−0. 097	−0. 066
		(−0. 24)	(−0. 16)
Top1		−0. 499 **	−0. 346
		(−2. 28)	(−1. 57)

续表

变量	(1) RD	(2) RD	(3) RD
Constant	4.059***	8.058***	10.421***
	(73.89)	(10.06)	(9.99)
Observations	19071	19067	19067
Ajust R^2	0.012	0.027	0.042
F	175.739	175.739	175.739
Year FE	NO	NO	YES
Industry FE	NO	NO	YES

如表5-6所示，第（1）列不加任何控制变量，第（2）列控制了控制变量，第（3）列控制了控制变量、行业和年份。第（3）列的Post×Treat系数为0.146，在1%的水平上显著且系数符号及大小均与双重差分检验结果较为一致，从而进一步说明，在考虑固定效应的情况下，进行PSM匹配后的样本同样能稳健地验证H1a成立。

（3）安慰剂检测。假设政策实施时间为2013年，并把样本期设定在2013~2016年进行时间反事实检验（Topalova，2010）。若核心解释变量估计系数显著，则说明存在某些不可观测的因素而非"十三五"规划政策效果使得企业创新投入提升（见表5-7）。

表5-7 产业政策对企业研发投入影响回归分析（2013年）

变量	(1) RD	(2) RD	(3) RD
Post	-0.145	0.027	0.663***
	(-1.54)	(0.29)	(6.06)
Treat	2.660***	2.158***	0.031
	(36.90)	(34.27)	(-0.91)
Post×Treat	0.143	0.0720	0.0670
	(0.78)	(0.44)	(0.45)

续表

变量	（1） RD	（2） RD	（3） RD
Liquidity		0. 204 ***	0. 223 ***
		（8. 60）	（9. 84）
Leverage		−2. 709 ***	−2. 322 ***
		（−10. 88）	（−9. 72）
ROE		−3. 212 ***	−2. 462 ***
		（−7. 75）	（−6. 35）
Growth		−0. 0580	−0. 192 *
		（−0. 47）	（−1. 71）
Size		−0. 187 ***	−0. 0530
		（−5. 89）	（−1. 64）
SOE		−0. 259 ***	−0. 240 ***
		（−3. 02）	（−2. 94）
Cfo		2. 326 ***	1. 474 ***
		（3. 95）	（2. 78）
Tangible		−3. 850 ***	−0. 657 **
		（−15. 36）	（−2. 40）
Age		−0. 280 ***	−0. 280 ***
		（−5. 67）	（−5. 81）
Boardsize		−0. 260	0. 461 **
		（−1. 18）	（2. 27）
Ind		3. 544 ***	2. 712 ***
		（4. 80）	（4. 06）
Top1		−3. 332 ***	−1. 765 ***
		（−13. 76）	（−8. 19）
Constant	2. 510 ***	9. 412 ***	2. 199 ***
	（65. 58）	（12. 68）	（2. 95）
Observations	11358	11358	11358
Ajust R^2	0. 0960	0. 276	0. 422
F	546. 9	221. 7	119. 7
Number of id	2412	2412	2412
Year FE	NO	NO	YES
Industry FE	NO	NO	YES

如表 5-7 所示，第（1）列不加任何控制变量，第（2）列控制了控制变量，第（3）列控制了控制变量、行业和年份。将政策冲击期假设到 2013 年，Post×Treat 系数均不显著，第（3）列的 Post×Treat 系数为 0.0670，为正数但不显著，说明可以排除不可观测的其他因素对企业创新投入的干扰，认为"十三五"规划政策对企业创新投入的影响是显著的。

（4）滞后一期。为了防止政策的时滞性对政策实施结果的影响，进一步对产业政策的实施效果进行了（t+1）期的分析，结果如表 5-8 所示。

表 5-8　滞后一期产业政策对企业研发投入影响回归分析

变量	(1) RD	(2) RD	(3) RD
L. Post	0.521 ***	0.514 ***	1.088 ***
	(7.99)	(7.83)	(9.03)
L. Treat	2.726 ***	2.218 ***	0.078
	(36.19)	(33.61)	(0.68)
L. Post×Treat	0.363 ***	0.257 **	0.206 *
	(3.00)	(2.30)	(1.84)
Liquidity		0.218 ***	0.229 ***
		(8.66)	(9.30)
Leverage		-2.851 ***	-2.349 ***
		(-11.98)	(-10.10)
Growth		0.241 *	0.012
		(1.84)	(0.10)
Size		-0.194 ***	-0.044
		(-6.42)	(-1.43)
Cfo		1.372 **	1.036 **
		(2.43)	(2.03)
Tangible		-3.887 ***	-0.703 ***
		(-17.66)	(-2.89)
Age		-0.537 ***	-0.507 ***
		(-10.08)	(-9.72)
ROE		-3.291 ***	-2.984 ***
		(-8.11)	(-7.62)

变量	(1) RD	(2) RD	(3) RD
SOE		-0.078	-0.124
		(-0.97)	(-1.62)
Boardsize		0.001	0.406**
		(0.01)	(2.14)
Ind		3.984***	2.985***
		(5.83)	(4.83)
Top1		-3.679***	-2.039***
		(-16.77)	(-10.33)
Constant	2.477***	9.540***	2.824***
	(60.19)	(13.77)	(4.03)
Observations	15893	15893	15893
R^2	0.107	0.268	0.409
Year FE	NO	NO	YES
Industry FE	NO	NO	YES

如表5-8所示，第（1）列不加任何控制变量，第（2）列控制了控制变量，第（3）列控制了控制变量、行业和年份。Post×Treat系数均显著为正，第（3）列的Post×Treat系数为0.206，在10%水平上显著，说明在滞后一期的情况下，产业政策对企业创新投入仍具促进作用，即H1a成立。

（5）替换被解释变量。再将被解释变量研发强度的数据从研发投入占营业收入的比重替换为研发投入占总资产的比重，根据替换了被解释变量后的数据进行DID回归分析，其结果如表5-9所示。

表5-9 产业政策对企业研发投入影响的回归分析（替换被解释变量）

变量	(1) RD2	(2) RD2	(3) RD2
Post	-0.048	0.002	0.714***
	(-1.26)	(0.06)	(8.51)

续表

变量	(1) RD2	(2) RD2	(3) RD2
Treat	0.043 (0.68)	0.077 (1.23)	0.040 (0.60)
Post×Treat	0.126** (2.51)	0.130*** (2.61)	0.146*** (2.91)
Liquidity		-0.022*** (-3.00)	-0.026*** (-3.57)
Leverage		-0.164 (-1.14)	-0.016 (-0.11)
Growth		-0.547*** (-14.45)	-0.519*** (-13.60)
Size		-0.272*** (-7.91)	-0.368*** (-10.13)
Cfo		0.473** (2.19)	0.303 (1.40)
Tangible		-0.060 (-0.33)	-0.011 (-0.06)
Age		0.078* (1.92)	-0.171*** (-3.65)
ROE		0.943*** (6.30)	0.977*** (6.50)
SOE		-0.189 (-1.49)	-0.053 (-0.41)
Boardsize		0.195 (1.42)	0.264* (1.92)
Ind		-0.097 (-0.24)	-0.066 (-0.16)
Top1		-0.499** (-2.28)	-0.346 (-1.57)
Constant	2.246*** (51.59)	8.058*** (10.06)	10.421*** (9.99)
Observations	19067	19067	19067

续表

变量	（1）RD2	（2）RD2	（3）RD2
R^2	0.001	0.027	0.042
Number of id	3146	3146	3146
Year FE	NO	NO	YES
Industry FE	NO	NO	YES

如表 5-9 所示，第（1）列不加任何控制变量，第（2）列控制了控制变量，第（3）列控制了控制变量、行业和年份。Post×Treat 系数均显著为正，第（3）列的 Post×Treat 系数为 0.146，在 1% 的水平上显著且系数符号与双重差分检验结果完全一致，同样验证了 H1a 成立的稳健性。

（6）删除 2016 年及以后上市的公司数据。参考孟庆玺等（2016）的做法，为了使"十三五"规划实施前后的样本公司更具有可比性，删除 2016 年及之后上市的公司，结果如表 5-10 所示。

表 5-10 产业政策对企业研发投入影响的回归分析（删减样本）

变量	（1）RD	（2）RD	（3）RD
Post	0.363***	0.654***	0.935***
	(5.87)	(10.18)	(8.31)
Treat	2.633***	2.121***	-0.058
	(36.01)	(33.19)	(-0.55)
Post×Treat	0.258**	0.182*	0.272***
	(2.24)	(1.72)	(2.60)
Liquidity		0.209***	0.223***
		(9.47)	(10.40)
Leverage		-2.647***	-2.191***
		(-11.98)	(-10.20)
ROE		-3.164***	-2.634***
		(-8.46)	(-7.28)

续表

变量	(1) RD	(2) RD	(3) RD
Growth		−0.160	−0.187*
		(−1.42)	(−1.75)
Size		−0.200***	−0.058**
		(−7.14)	(−2.01)
SOE		−0.205***	−0.207***
		(−2.79)	(−2.96)
Cfo		1.903***	1.400***
		(3.65)	(2.95)
Tangible		−3.754***	−0.719***
		(−18.00)	(−3.13)
Age		−0.386***	−0.383***
		(−8.20)	(−8.43)
Boardsize		−0.091	0.375**
		(−0.48)	(2.09)
Ind		3.780***	2.779***
		(5.94)	(4.82)
Top1		−3.508***	−1.912***
		(−17.07)	(−10.42)
Constant	2.382***	9.365***	2.666***
	(60.97)	(14.50)	(4.06)
Observations	165111	165111	165111
Ajust R^2	0.102	0.268	0.408
F	808.024	321.257	156.985
Number of id	2278	2278	2278
Year FE	NO	NO	YES
Industry FE	NO	NO	YES

如表 5-10 所示，第 (1) 列不加任何控制变量，第 (2) 列控制了控制变量，第 (3) 列控制了控制变量、行业和年份。Post×Treat 系数均显著为正，第 (3) 列的 Post×Treat 系数为 0.272，在 1%的水平上显著且系数

符号与双重差分检验结果完全一致，进一步验证了 H1a 成立。

（二）产业政策对企业创新产出的影响

和研究产业政策对企业创新投入的影响一样，在排除了其他因素干扰的情况下，本书也使用双重差分（DID）模型研究了产业政策对企业创新产出的影响，具体分析如下：

1. DID 分析

首先，对双重差分方法的适用性进行检验，即对产业政策实施前实验组与对比组之间的政策效果进行平行趋势检验，结果如图 5-3 所示。

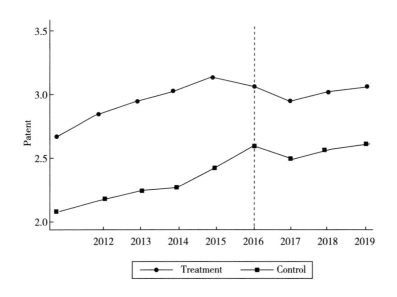

图 5-3　"五年规划"变更与企业研发产出平行趋势

如图 5-3 所示，在 2016 年"十三五"规划实施前，实验组与对比组的发展趋势在 2011~2014 年较为一致，但是在 2015~2016 年，两组趋势却截然相反，且 2016 年政策实施后，产业政策对实验组与对比组的创新产出的实施效果差异并不明显。

其次，执行 DID 分析，结果如表 5-11 所示。

表 5-11　产业政策对企业创新产出影响的回归分析

变量	(1) Patent	(2) Patent	(3) Patent
Post	0. 399***	0. 147***	0. 195***
	(10. 26)	(3. 80)	(3. 71)
Treat	0. 685***	0. 747***	-0. 0610
	(20. 29)	(23. 26)	(-1. 02)
Post×Treat	-0. 189***	-0. 170***	-0. 0380
	(-3. 71)	(-3. 55)	(-0. 84)
Liquidity		-0. 044***	-0. 029***
		(-9. 16)	(-6. 54)
Leverage		-0. 333***	-0. 476***
		(-3. 72)	(-5. 73)
ROE		1. 155***	1. 095***
		(8. 34)	(9. 03)
Growth		-0. 197***	-0. 127***
		(-5. 61)	(-3. 87)
Size		0. 515***	0. 627***
		(36. 66)	(51. 51)
SOE		-0. 002	0. 134***
		(-0. 06)	(4. 84)
Cfo		0. 0260	0. 215
		(0. 13)	(1. 17)
Tangible		-0. 305***	-0. 125
		(-3. 18)	(-1. 33)
Age		-0. 197***	-0. 085***
		(-10. 09)	(-4. 66)
Boardsize		-0. 128	0. 001
		(-1. 60)	(0. 01)
Ind		0. 056	-0. 018
		(0. 20)	(-0. 08)

续表

变量	(1) Patent	(2) Patent	(3) Patent
Top1		-0.511*** (-5.78)	-0.118 (-1.51)
Constant	2.261*** (84.69)	-7.972*** (-24.21)	-11.874*** (-40.42)
Observations	16511	16511	16511
Ajust R^2	0.0380	0.176	0.371
F	225.1	204.2	158.9
Number of id	3146	3146	3146
Year FE	NO	NO	YES
Industry FE	NO	NO	YES

如表5-11所示，第（1）列不加任何控制变量，第（2）列控制了控制变量，第（3）列控制了控制变量、行业和年份，Post×Treat系数均为负数，且第（3）列的Post×Treat系数为-0.0380，不显著，说明产业政策扶持抑制了企业的创新产出，但影响不显著。因此，产业政策扶持促进了企业创新产出的假设H1b不成立。

最后，根据模型（4-2），将产业政策对企业创新产出的影响随时间推移的动态变化进行分析，结果如表5-12所示。

表5-12 产业政策对企业创新产出影响的动态DID分析

变量	(1) Patent	(2) Patent	(3) Patent	(4) Patent
Treat	-0.039 (-0.79)	-0.044 (-0.87)	-0.041 (-0.82)	-0.048 (-0.97)
year1	0.210*** (3.95)			
Treat_year1	-0.055 (-0.97)			

续表

变量	(1) Patent	(2) Patent	(3) Patent	(4) Patent
year2		0.057		
		(1.07)		
Treat_ year2		−0.019		
		(−0.35)		
year3			0.119**	
			(2.28)	
Treat_ year3			−0.033	
			(−0.61)	
year4				0.108*
				(1.90)
Treat_ year4				0.016
				(0.26)
Liquidity	−0.028***	−0.028***	−0.028***	−0.028***
	(−6.82)	(−6.82)	(−6.83)	(−6.82)
Leverage	−0.434***	−0.434***	−0.434***	−0.434***
	(−5.54)	(−5.54)	(−5.54)	(−5.55)
Growth	−0.118***	−0.119***	−0.119***	−0.119***
	(−3.97)	(−3.98)	(−3.99)	(−3.98)
Size	0.621***	0.621***	0.621***	0.621***
	(54.48)	(54.48)	(54.48)	(54.48)
Cfo	0.296*	0.299*	0.299*	0.299*
	(1.74)	(1.76)	(1.76)	(1.75)
Tangible	−0.164*	−0.164*	−0.164*	−0.164*
	(−1.87)	(−1.87)	(−1.87)	(−1.87)
Age	−0.087***	−0.087***	−0.087***	−0.087***
	(−5.86)	(−5.87)	(−5.88)	(−5.87)
ROE	1.160***	1.158***	1.156***	1.159***
	(10.09)	(10.07)	(10.05)	(10.08)
SOE	0.135***	0.135***	0.135***	0.135***
	(5.20)	(5.20)	(5.20)	(5.20)

续表

变量	（1） Patent	（2） Patent	（3） Patent	（4） Patent
Boardsize	-0.001 (-0.01)	-0.000 (-0.00)	-0.001 (-0.01)	-0.000 (-0.00)
Ind	-0.065 (-0.29)	-0.065 (-0.29)	-0.066 (-0.29)	-0.065 (-0.29)
Top1	-0.141** (-1.98)	-0.141** (-1.98)	-0.141** (-1.98)	-0.141** (-1.97)
Constant	-11.763*** (-42.45)	-11.761*** (-42.44)	-11.762*** (-42.46)	-11.758*** (-42.45)
Observations	19071	19071	19071	19071
R^2	0.364	0.364	0.364	0.364
Year FE	YES	YES	YES	YES
Industry FE	YES	YES	YES	YES

如表 5-12 所示，第（1）~第（4）列分别表示 2016~2019 年的情况。从 Treat_year 系数的变化来看，2016~2018 年产业政策对公司专利的影响都是负的，且均不显著，只有 2019 年该系数为正，但仍然不显著。通过动态 DID 分析同样得出产业政策对企业创新产出的影响不显著的结论，这也进一步说明了 H1b 不成立。

2. 稳健性检验

（1）固定效应分析。在固定了控制变量、行业与年份后，将产业政策对企业创新产出的影响进行 DID 的固定效应分析，结果如表 5-13 所示。

表 5-13　产业政策对企业创新产出的固定效应回归分析

变量	（1） Patent	（2） Patent	（3） Patent
Post	0.347*** (11.66)	0.100*** (3.33)	0.209*** (4.25)
Treat	0.254*** (5.48)	0.263*** (5.82)	-0.0160 (-0.30)

变量	（1） Patent	（2） Patent	（3） Patent
Post×Treat	−0.0290 （−0.75）	−0.0440 （−1.16）	−0.0520 （−1.27）
Liquidity		−0.00300 （−0.63）	−0.029*** （−6.84）
Leverage		−0.153 （−1.41）	−0.432*** （−5.52）
ROE		0.278*** （2.95）	1.154*** （10.03）
Growth		−0.050** （−2.25）	−0.119*** （−3.98）
Size		0.435*** （17.40）	0.621*** （54.48）
SOE		−0.174*** （−2.72）	0.135*** （5.19）
Cfo		0.0450 （0.34）	0.299* （1.76）
Tangible		0.185 （1.43）	−0.162* （−1.85）
Age		−0.0100 （−0.44）	−0.087*** （−5.89）
Boardsize		−0.060 （−0.66）	−0.0010 （−0.01）
Ind		−0.492* （−1.77）	−0.0660 （−0.30）
Top1		−0.294* （−1.92）	−0.142** （−1.99）
Constant	2.295*** （58.13）	−6.583*** （−11.84）	−11.777*** （−42.43）
Observations	19071	19071	19071
Ajust R^2		0.032	
F		175.739	

续表

变量	(1) Patent	(2) Patent	(3) Patent
Number of id		3146	
Year FE	NO	NO	YES
Industry FE	NO	NO	YES

如表 5-13 所示，第（1）列不加任何控制变量，第（2）列控制了控制变量，第（3）列控制了控制变量、行业和年份。Post×Treat 系数均为负且不显著，第（3）列的 Post×Treat 系数为 -0.0520，负相关且不显著，这与 DID 分析的结论相同，进一步验证了 H1b 不成立。

（2）PSM-DID 分析。对经过 PSM 匹配后的样本数据进行 DID 分析，结果如表 5-14 所示。

表 5-14　PSM-DID 基准回归结果（Patent）

变量	(1) Patent	(2) Patent	(3) Patent
Post	0.398***	0.176***	0.150**
	(7.22)	(3.33)	(2.06)
Treat	0.747***	0.777***	-0.000
	(14.38)	(15.94)	(-0.00)
Post×Treat	-0.365***	-0.297***	-0.130
	(-5.46)	(-4.77)	(-2.21)
Liquidity		-0.032***	-0.022***
		(-5.61)	(-4.12)
Leverage		-0.191*	-0.350***
		(-1.67)	(-3.34)
ROE		1.023***	1.081***
		(5.94)	(7.13)
Growth		-0.181***	-0.142***
		(-4.66)	(-3.79)

续表

变量	(1) Patent	(2) Patent	(3) Patent
Size		0.560*** (34.00)	0.650*** (45.01)
SOE		-0.052 (-1.36)	0.156*** (4.60)
Cfo		0.151 (0.60)	0.395* (1.74)
Tangible		-0.544*** (-4.58)	-0.063 (-0.55)
Age		-0.155*** (-7.55)	-0.115*** (-6.13)
Boardsize		-0.055 (-0.58)	0.074 (0.89)
Ind		-0.006 (-0.02)	-0.062 (-0.21)
Top1		-0.534*** (-5.11)	-0.248*** (-2.68)
Constant	2.253*** (54.57)	-9.162*** (-23.57)	-12.504*** (-34.56)
Observations	11560	11560	11560
Ajust R^2	0.026	0.193	0.370
F	111.620	159.388	117.297
Year FE	NO	NO	YES
Industry FE	NO	NO	YES

如表 5-14 所示，第（1）列不加任何控制变量，第（2）列控制了控制变量，第（3）列控制了控制变量、行业和年份。Post×Treat 系数均为负，第（3）列的 Post×Treat 系数为 -0.130，为负数且不显著。该结果与 DID 回归分析的结论一致，进一步表明 H1b 不成立。

（3）滞后一期的分析。为防止政策的滞后性对政策实施结果的影响，将产业政策对企业创新投入的影响的研究同样进行了（t+1）期的分析，结果如表 5-15 所示。

表 5-15　滞后一期产业政策对企业创新产出的回归分析

变量	（1） Patent	（2） Patent	（3） Patent
L. Post	0. 279 *** （7. 05）	0. 130 *** （3. 41）	0. 086 （1. 62）
L. Treat	0. 693 *** （20. 24）	0. 754 *** （23. 20）	0. 064 （1. 07）
L. Post×Treat	−0. 288 *** （−5. 58）	−0. 250 *** （−5. 22）	−0. 108 （−2. 37）
Liquidity		−0. 041 *** （−7. 68）	−0. 031 *** （−6. 30）
Leverage		−0. 266 *** （−2. 89）	−0. 448 *** （−5. 22）
Growth		−0. 122 *** （−2. 93）	−0. 126 *** （−3. 28）
Size		0. 528 *** （37. 04）	0. 631 *** （50. 71）
Cfo		0. 133 （0. 62）	0. 328 * （1. 72）
Tangible		−0. 304 *** （−3. 17）	−0. 122 （−1. 28）
Age		−0. 199 *** （−9. 84）	−0. 112 *** （−5. 89）
ROE		1. 280 *** （8. 90）	1. 226 *** （9. 73）
SOE		0. 031 （0. 95）	0. 178 *** （6. 19）
Boardsize		−0. 137 * （−1. 69）	−0. 006 （−0. 09）
Ind		−0. 189 （−0. 68）	−0. 206 （−0. 85）

变量	（1） Patent	（2） Patent	（3） Patent
Top1		−0.480*** （−5.38）	−0.129 （−1.63）
Constant	2.382*** （87.23）	−8.167*** （−24.54）	−11.863*** （−39.10）
Observations	15893	15893	15893
R^2	0.032	0.184	0.368
Year FE	NO	NO	YES
Industry FE	NO	NO	YES

如表 5-15 所示，第（1）列不加任何控制变量，第（2）列控制了控制变量，第（3）列控制了控制变量、行业和年份。Post×Treat 系数均为负数，第（3）列的 Post×Treat 系数为−0.108，为负数且不显著。以上的结果同样说明了产业政策对企业的创新产出是抑制作用，但影响不显著，该结论再次印证了 H1b 不成立。

（4）删除 2016 年之后上市公司。和研究产业政策对企业创新投入一样，为了使"十三五"规划实施前后的样本公司更具有可比性，删除了 2016 年以后的上市公司，并对删除后的样本数据进行了 DID 回归分析，结果如表 5-16 所示。

表 5-16　产业政策对企业创新产出的回归分析（删减样本）

变量	（1） Patent	（2） Patent	（3） Patent
Post	0.387*** （10.06）	0.143*** （3.74）	0.123** （2.12）
Treat	0.685*** （20.29）	0.746*** （23.25）	−0.0640 （−1.08）
Post×Treat	−0.196*** （−3.90）	−0.179*** （−3.79）	−0.0420 （−0.94）

续表

变量	（1） Patent	（2） Patent	（3） Patent
Liquidity		−0.044 ***	−0.030 ***
		（−9.12）	（−6.64）
Leverage		−0.346 ***	−0.492 ***
		（−3.89）	（−5.97）
ROE		1.132 ***	1.088 ***
		（8.25）	（9.07）
Growth		−0.189 ***	−0.128 ***
		（−5.40）	（−3.94）
Size		0.515 ***	0.627 ***
		（36.90）	（52.03）
SOE		0	0.135 ***
		（−0.00）	（4.89）
Cfo		0.00600	0.214
		（0.03）	（1.17）
Tangible		−0.308 ***	−0.132
		（−3.23）	（−1.41）
Age		−0.190 ***	−0.083 ***
		（−9.82）	（−4.60）
Boardsize		−0.130	−0.0090
		（−1.64）	（0.13）
Ind		0.0040	−0.0460
		（0.02）	（−0.20）
Top1		−0.501 ***	−0.118
		（−5.73）	（−1.53）
Constant	2.261 ***	−7.958 ***	−11.892 ***
	（84.69）	（−24.33）	（−40.76）
Observations	16803	16803	16803
Ajust R^2	0.0370	0.175	0.371
F	222.9	204.8	161.1
Number of id	2278	2278	2278
Year FE	NO	NO	YES
Industry FE	NO	NO	YES

如表 5-16 所示，第（1）列不加任何控制变量，第（2）列控制了控制变量，第（3）列控制了控制变量、行业和年份。Post×Treat 系数均为负数，第（3）列的 Post×Treat 系数为 -0.0420，为负数且不显著，与前述结论一致，同样验证了 H1b 不成立。

通过上述的主效应分析，得到产业政策显著地促进企业的创新产出，但对企业创新产出影响不显著的结论。

三、中介效应分析

在上述主效应分析的基础上，再来考察产业政策对企业创新影响的作用机制。中介效应分析的前提是主效应分析显著。通过前文的主效应分析可知，产业政策只对企业创新投入显著，对企业创新产出不显著，只有产业政策对企业创新投入的影响满足中介效应分析的要求，才能考察不同的政策工具在产业政策对企业创新投入影响中的中介效应。

结合前文的理论分析，将产业政策分为选择性产业政策和功能性产业政策（Lall，2001；周叔莲等，2008）。两者的内容不同，政府所取得的作用不同，对企业创新的影响机制也不同。其中，作为选择性产业政策，选取政府补贴和税收优惠作为研究对象（Aghion et al.，2015；黎文靖、郑曼妮，2016），研究其在产业政策影响企业创新投入中所起到的作用机制。对于功能性产业政策，参考樊纲等（2011），冯宗宪等（2011），逯东、朱丽（2018）的研究，选择市场化进程和市场竞争两个层面来衡量其对企业创新投入影响的作用机制。

（一）选择性产业政策工具的中介效应分析

根据模型（4-3）和模型（4-4），先对政府补贴（Sub）与税收优惠

（Tax）在产业政策影响企业创新中的作用机制进行分析，即分析这两项选择性产业政策是否存在中介效应，以及存在什么样的中介效应。通过中介效应检验三步法的分析，结果如表5-17所示。

表5-17　选择性产业政策工具的中介效应分析

变量	（1）RD	（2）Sub	（3）RD	（4）RD	（5）Tax	（6）RD
Post	0.768***	0.0280	0.735***	0.768***	3.859***	0.617***
	(7.11)	(1.06)	(6.88)	(7.11)	(13.8)	(5.65)
Treat	-0.0900	0.070***	-0.172*	-0.0900	-0.060	-0.0870
	(-0.91)	(2.86)	(-1.71)	(-0.91)	(-0.20)	(-0.89)
Post×Treat	0.382***	0.059***	0.312***	0.382***	0.320	0.369***
	(3.88)	(2.70)	(3.25)	(3.88)	(1.38)	(3.77)
Sub			1.177***			
			(22.68)			
Tax						0.039***
						(12.11)
Liquidity	0.211***	0.007**	0.203***	0.211***	-0.039*	0.212***
	(10.87)	(2.52)	(10.73)	(10.87)	(-1.66)	(10.98)
Leverage	-2.352***	0.204***	-2.592***	-2.352***	-2.814***	-2.157***
	(-11.61)	(4.84)	(-13.05)	(-11.61)	(-12.00)	(-10.59)
ROE	-2.873***	0.729***	-3.730***	-2.873***	26.759***	-3.917***
	(-8.28)	(11.02)	(-10.74)	(-8.28)	(48.60)	(-11.02)
Growth	-0.152	-0.071***	-0.0690	-0.152	0.484***	-0.171*
	(-1.55)	(-4.24)	(-0.73)	(-1.55)	(3.07)	(-1.75)
Size	-0.049*	-0.081***	0.046*	-0.049*	0.553***	-0.071**
	(-1.78)	(-13.37)	(1.71)	(-1.78)	(8.71)	(-2.56)
SOE	-0.227***	0.088***	-0.330***	-0.227***	0.132	-0.232***
	(-3.36)	(6.01)	(-5.03)	(-3.36)	(0.91)	(-3.44)
Cfo	1.362***	0.474***	0.804*	1.362***	-5.374***	1.572***
	(3.04)	(4.90)	(1.85)	(3.04)	(-5.92)	(3.51)
Tangible	-0.835***	0.159***	-1.021***	-0.835***	2.738***	-0.942***
	(-3.78)	(3.27)	(-4.71)	(-3.78)	(5.80)	(-4.25)

续表

变量	（1）RD	（2）Sub	（3）RD	（4）RD	（5）Tax	（6）RD
Age	-0.326***	-0.056***	-0.260***	-0.326***	-0.003	-0.326***
	(-8.11)	(-6.92)	(-6.66)	(-8.11)	(-0.03)	(-8.12)
Boardsize	0.430**	-0.00600	0.437***	0.430**	0.043	0.429**
	(2.54)	(-0.17)	(2.64)	(2.54)	(0.12)	(2.54)
Ind	2.781***	0.175	2.576***	2.781***	-1.660	2.846***
	(5.04)	(1.48)	(4.78)	(5.04)	(-1.36)	(5.16)
Top1	-2.004***	-0.074*	-1.917***	-2.004***	-0.582	-1.981***
	(-11.36)	(-1.94)	(-11.20)	(-11.36)	(-1.47)	(-11.27)
Constant	2.371***	2.296***	-0.331	2.371***	-1.330	2.423***
	(3.77)	(14.73)	(-0.52)	(3.77)	(-0.84)	(3.86)
Sobel		15.23			11.08	
N	19071	19071	19071	19071	19071	19071
Ajust R^2	0.409	0.122	0.444	0.409	0.189	0.413
F	175.2	65.30	178.4	175.2	104.815	175.502
Mediating Effect Judgment			Significant			Significant

如表 5-17 所示，第（1）列和第（4）列为主效应回归结果，从 Post×Treat 系数可以看出，主效应系数为 0.382，为正数且在 1%的水平上显著，即系数 c 显著。

第（2）列和第（5）列分别是产业政策对以政府补贴（Sub）或税收优惠（Tax）为被解释变量时的影响，Post×Treat 的系数 a 分别为 0.059 和 0.320，均为正，其中 Sub 在 1%的水平上显著，但是 Tax 不显著。

第（3）列和第（6）列的 Post×Treat 系数代表 c′，分别为 0.312 和 0.369，且均在 1%的水平上显著。Sub 或 Tax 的系数 b 分别为第（3）列中的 1.177 和第（6）列中的 0.039，且在 1%的水平上显著，即系数 b 显著。

从表 5-17 的数据可知，Sub 的 a、b、c 系数均显著，即通过了中介效应检验。Tax 的三个系数中，系数 b 和 c 显著，但 a 不显著，这就需要进行 Sobel 检验来验证其是否具有中介效应。经过 Sobel 检验后，得到 Z 值为 11.08，大于临界值（其临界概率 $p<0.05$ 的 Z 值为 $Z/2>0.90$ 或 $Z/2<-0.90$；$p<1\%$ 水平的临界值是 2.58 左右）（MacKinnon et al., 2002），即通过了 Sobel 检验。这说明无论是政府补贴（Sub）还是税收优惠（Tax），选择性产业政策工具确实能够在产业政策激励企业创新投入中起到中介效应作用。一方面，政府补贴（Sub）和税收优惠（Tax）两个选择性产业政策工具的中介效应显著；另一方面，两者的作用机制均为部分中介效应，即产业政策对企业创新投入既有直接的激励作用，也会通过政府补贴和税收优惠等产业政策工具的中介效应来影响企业的创新。通过分析可知，H2 和 H3 均成立。

（二）功能性产业政策工具的中介效应分析

根据模型（4-3）和模型（4-4），对市场化进程（Market）与市场竞争（HHI）在产业政策影响企业创新中的作用机制进行分析，即分析这两项功能性产业政策是否存在中介效应，以及存在什么样的中介效应。同样，通过中介效应检验三步法的分析，结果如表 5-18 所示。

表 5-18 功能性产业政策工具的中介效应分析

变量	（1）RD	（2）Market	（3）RD	（4）RD	（5）HHI	（6）RD
Post	0.768***	1.127***	0.694***	0.768***	−0.021***	0.761***
	(7.11)	(19.68)	(6.30)	(7.11)	(−4.95)	(7.07)
Treat	−0.0900	−0.0850	−0.0840	−0.0900	−0.031***	−0.0990
	(−0.91)	(−1.46)	(−0.85)	(−0.91)	(−5.41)	(−1.00)
Post×Treat	0.382***	0.185***	0.370***	0.382***	0.014***	0.386***
	(3.88)	(3.85)	(3.76)	(3.88)	(3.85)	(3.94)
Market			0.066***			
			(4.05)			
HHI						−0.304
						(−1.06)

续表

变量	(1) RD	(2) Market	(3) RD	(4) RD	(5) HHI	(6) RD
Liquidity	0.211 *** (10.87)	-0.029 *** (-5.45)	0.212 *** (10.96)	0.211 *** (10.87)	-0.00100 (-1.63)	0.210 *** (10.85)
Leverage	-2.352 *** (-11.61)	-0.691 *** (-7.76)	-2.306 *** (-11.31)	-2.352 *** (-11.61)	-0.015 ** (-2.10)	-2.356 *** (-11.63)
ROA	-2.873 *** (-8.28)	0.138 (1.04)	-2.882 *** (-8.31)	-2.873 *** (-8.28)	-0.032 *** (-2.65)	-2.882 *** (-8.31)
Growth	-0.152 (-1.55)	-0.065 ** (-2.02)	-0.148 (-1.50)	-0.152 (-1.55)	0.009 *** (2.81)	-0.150 (-1.52)
Size	-0.049 * (-1.78)	0.096 *** (7.26)	-0.055 ** (-2.01)	-0.049 * (-1.78)	-0.00100 (-0.80)	-0.049 * (-1.79)
SOE	-0.227 *** (-3.36)	-0.486 *** (-14.94)	-0.195 *** (-2.89)	-0.227 *** (-3.36)	-0.005 * (-1.95)	-0.229 *** (-3.38)
Cfo	1.362 *** (3.04)	1.246 *** (6.50)	1.280 *** (2.86)	1.362 *** (3.04)	0.075 *** (4.29)	1.385 *** (3.10)
Tangible	-0.835 *** (-3.78)	-0.697 *** (-6.76)	-0.789 *** (-3.56)	-0.835 *** (-3.78)	-0.00200 (-0.17)	-0.835 *** (-3.79)
Age	-0.326 *** (-8.11)	-0.183 *** (-10.69)	-0.314 *** (-7.76)	-0.326 *** (-8.11)	0.00100 (0.69)	-0.325 *** (-8.10)
boardsize	0.430 ** (2.54)	-0.305 *** (-4.33)	0.451 *** (2.66)	0.430 ** (2.54)	0.00400 (0.60)	0.432 ** (2.55)
Ind	2.781 *** (5.04)	-0.435 * (-1.76)	2.810 *** (5.10)	2.781 *** (5.04)	0.00900 (0.45)	2.784 *** (5.04)
Top1	-2.004 *** (-11.36)	0.326 *** (4.01)	-2.026 *** (-11.52)	-2.004 *** (-11.36)	-0.016 ** (-2.49)	-2.009 *** (-11.38)
Constant	2.828 *** (4.92)	4.331 *** (13.42)	2.516 *** (4.33)	2.828 *** (4.92)	0.236 *** (7.92)	2.886 *** (4.99)
Sobel		8.706			-3.4	
N	19071	19071	19071	19071	19071	19071
Ajust R^2	0.409	0.240	0.409	0.409	0.311	0.409
F	175.2	99.09	172.5	175.2	321.0	172.5
Mediating Effect Judgment			Significant			Significant

如表 5-18 所示，由第（1）列和第（4）列的数据可知，就功能性产业政策工具而言，以市场化进程（Market）或市场集中度（HHI）为被解释变量时，Post×Treat 的系数均为 0.382，均为正数且在 1% 的水平上显著，即系数 c 显著。

第（2）列和第（5）列的 Post×Treat 的系数 a 分别为 0.185 和 0.014，为正数且均在 1% 的水平上显著。

第（3）列和第（6）列的 Market 和 HHI 的系数 b 分别为 0.066 和 -0.304，其中 Market 的系数在 1% 的水平上显著，但 HHI 不显著。两者的 Post×Treat 系数 c′ 分别为 0.370 和 0.386，均为正数且在 1% 的水平上显著。因此，Market 的 a、b、c 三个系数均显著，符合中介效应显著的界定，但是 HHI 的 a、c 系数显著，但是由于系数 b 不显著，所以还需要进行 Sobel 检验。通过 Sobel 检验的分析显示，Z 值为 -3.4，其绝对值大于临界值，即通过了 Sobel 检验。

综上所述，作为功能性产业政策工具的市场化进程（Market）和市场竞争（HHI）的中介效应均显著，且均为部分中介效应，即产业政策对企业创新投入既有直接效应的影响，也有通过市场化进程和市场竞争等功能性产业政策工具的中介效应的影响。说明功能性产业政策工具的中介效应也是产业政策能够激励企业创新投入的作用机制，即 H4、H5 成立。其中 HHI 系数为负，代表了市场集中度越高，产业政策对企业创新投入的促进作用越小，但结果不显著。

上述研究分析了选择性产业政策工具与功能性产业政策工具促进企业创新投入的中介效应是否存在，在此基础上，进一步对各种产业政策工具的中介效应的大小进行对比分析，如表 5-19 所示。

表 5-19 各种政策工具的中介作用比较

系数	Sub	Tax	Market	HHI
a	0.059	0.320	0.185	0.014
b	1.177	0.039	0.066	-0.304
ab	0.069443	0.01248	0.01221	-0.00426

根据前文所阐述的中介效应原理，自变量产业政策对因变量企业创新的作用机制包括直接效应和中介效应，其中，c'代表直接效应，ab代表中介效应。通过表5-19可知，选择性产业政策工具与功能性产业政策工具中的四个政策工具的中介作用，将ab的绝对值从大到小排列，分别是Sub、Tax、Market和HHI，即政府补助对企业创新投入的中介效应最大，其后是税收优惠和市场化进程，产品市场竞争的中介效应最小。

四、延伸分析

除上述分析外，本书还分别从产权类型（SOE）和企业规模（Size）两个企业异质性差异的角度将产业政策对企业创新投入的影响做了进一步的分析。其中，产权类型分为国有企业和非国有企业两类，企业规模按照企业资产规模的中位数，将企业分为大规模企业和小规模企业两类，结果如表5-20所示。

表5-20　产权、规模的调节回归分析（RD）

变量	(1) SOE	(2) Non-SOE	(3) Large	(4) Small
Post	0.799 ***	0.747 ***	0.861 ***	0.656 ***
	(5.92)	(4.75)	(8.11)	(3.33)
Treat	0.005	−0.019	−0.058	−0.012
	(0.05)	(−0.17)	(−0.66)	(−0.08)
Post×Treat	0.237 ***	0.053	0.208 ***	0.138
	(2.89)	(0.64)	(3.19)	(1.17)
Liquidity	−0.012	0.072 ***	0.038 *	0.073 ***
	(−0.49)	(6.74)	(1.89)	(5.99)

续表

变量	（1）SOE	（2）Non-SOE	（3）Large	（4）Small
Leverage	-1.818***	-1.672***	-0.916***	-2.027***
	(-6.64)	(-7.12)	(-4.17)	(-6.79)
Growth	-0.358***	-0.279***	-0.257***	-0.368***
	(-3.44)	(-4.99)	(-4.55)	(-5.18)
Size	0.056	0.002		
	(0.86)	(0.04)		
Cfo	-0.553	-1.741***	-0.690**	-1.777***
	(-1.46)	(-4.95)	(-2.26)	(-4.31)
Tangible	0.714**	0.527*	0.396	1.078***
	(2.29)	(1.69)	(1.46)	(2.92)
Age	0.096	0.128*	-0.179**	0.212**
	(0.87)	(1.67)	(-2.20)	(2.25)
ROE	-1.155***	-3.910***	-1.548***	-4.064***
	(-4.82)	(-15.08)	(-7.80)	(-13.13)
Boardsize	-0.708***	0.678***	-0.207	0.607*
	(-3.20)	(2.87)	(-1.17)	(1.96)
Ind	-1.098*	0.102	-0.258	0.419
	(-1.78)	(0.14)	(-0.50)	(0.46)
Top1	0.886**	0.018	-0.068	0.602
	(2.43)	(0.05)	(-0.23)	(1.08)
SOE			0.485***	-0.091
			(2.95)	(-0.27)
Constant	3.739**	4.210**	4.813***	4.381**
	(2.15)	(2.13)	(3.15)	(2.57)
Observations	5965	13106	9535	9536
R^2	0.106	0.092	0.071	0.083
Number of id	907	2325	1882	2193
Year FE	YES	YES	YES	YES
Industry FE	YES	YES	YES	YES

由表 5-20 可知，在产权性质方面，Post×Treat 系数分别是 0.237 和 0.053，均为正数，其中，国有企业在 1% 的水平上显著，而非国有企业则

不显著，说明产权政策对国有企业的创新投入更具有激励作用。在企业规模方面，Post×Treat 系数分别是 0.208 和 0.138，均为正数，其中大规模企业在 1% 的水平上显著，而小规模企业则不显著，说明产权政策对大规模企业的创新投入具有激励作用。即不同异质性的企业的显著性具有差别。

同样，按照上述企业分类，分析产业政策对不同类别的企业创新产出的影响，结果如表 5-21 所示。

表 5-21　产权、规模的调节回归分析（Patent）

变量	（1）SOE	（2）Non-SOE	（3）Large	（4）Small
Post	0.434 ***	0.161 **	0.789 ***	0.192 **
	（5.81）	（2.49）	（12.91）	（2.38）
Treat	−0.036	0.079 *	0.133 ***	0.074
	（−0.62）	（1.66）	（2.62）	（1.13）
Post×Treat	−0.009	−0.084 **	−0.104 ***	0.000
	（−0.20）	（−2.43）	（−2.79）	（0.00）
Liquidity	−0.023 *	0.007 *	−0.003	0.003
	（−1.78）	（1.68）	（−0.26）	（0.61）
Leverage	0.095	−0.134	0.247 *	0.066
	（0.63）	（−1.39）	（1.96）	（0.54）
Growth	−0.067	−0.036	0.029	0.059 **
	（−1.16）	（−1.56）	（0.89）	（2.04）
Size	0.479 ***	0.400 ***		
	（13.29）	（16.13）		
Cfo	−0.199	−0.226	−0.435 **	−0.331 **
	（−0.95）	（−1.56）	（−2.48）	（−1.96）
Tangible	0.026	0.315 **	−0.313 **	−0.006
	（0.15）	（2.45）	（−2.01）	（−0.04）
Age	−0.044	0.102 ***	0.020	0.245 ***
	（−0.72）	（3.24）	（0.42）	（6.37）
ROE	0.267 **	0.346 ***	0.475 ***	0.226 *
	（2.01）	（3.24）	（4.16）	（1.79）
Boardsize	−0.108	0.201 **	0.056	0.262 **
	（−0.88）	（2.07）	（0.56）	（2.07）
Ind	−0.425	−0.513 *	−0.212	−0.508
	（−1.25）	（−1.73）	（−0.72）	（−1.36）

续表

变量	（1） SOE	（2） Non-SOE	（3） Large	（4） Small
Top1	−0.722 ***	0.191	−0.341 **	0.096
	(−3.58)	(1.22)	(−1.98)	(0.42)
SOE			0.176 *	−0.172
			(1.86)	(−1.26)
Constant	−6.685 ***	−6.468 ***	0.806	1.767 **
	(−6.96)	(−7.94)	(0.92)	(2.54)
Observations	5965	13106	9535	9536
R^2	0.158	0.105	0.085	0.052
Number of id	907	2325	1882	2193
Year FE	YES	YES	YES	YES
Industry FE	YES	YES	YES	YES

由表 5-21 可知，在产权性质方面，Post×Treat 系数分别是−0.009 和 −0.084，均为负数，但国有企业不显著，非国有企业在 5%的水平上显著，说明产权政策对不同产权性质的企业均有抑制作用，但是对非国有企业的创新产出抑制作用显著，对国有企业的创新产出的作用不显著。在企业规模方面，Post×Treat 系数分别是−0.104 和 0.000，其中大规模企业在 1%的水平上显著，但系数为负，说明产权政策对大规模企业起到了抑制作用，而对小规模企业的影响则不显著。

五、补充研究

本书在研究产业政策对企业创新影响的过程中，曾选择企业创新度较高的信息传输、软件和信息技术服务业上市公司为研究对象，运用较为传统的最小二乘法（OLS），分别从宏观的市场化进程、中观的产品市场竞争和微观的企业公司治理结构三个层面，对"十三五"时期政府补贴这一产业政策对企业创新投入的影响进行了深入研究。具体研究过程如下：

（一）研究假设

1. 政府补贴与企业技术创新投入

通过国内外的研究可以看到，虽然国内学者对政府补贴对企业创新影响的结论不一，但大多数学者仍然支持政府可以通过补贴来激励和引导企业的技术创新投入，推动企业的技术创新。因此，提出研究假设：

H6：政府补贴促进企业技术创新投入。

2. 市场化进程、政府补贴与企业技术创新投入

基于相关理论与文献，在市场化进程较高的地区，企业可以更好地通过市场机制来获得竞争优势，因此企业技术创新的意愿会随着政府补贴的投入而增加，而市场化进程低的地区则与之相反。因此，提出研究假设：

H7：市场化进程越高的地区，政府补贴对企业技术创新投入的促进作用越显著。

3. 产品市场竞争、政府补贴与企业技术创新投入

鉴于中国这样处于转型背景的发展中国家，市场化背景与发达国家具有明显不同，因此，在中国情境下，逃离竞争效应占优，提出研究假设：

H8：产品市场竞争越激烈的行业，政府补贴对企业技术创新投入促进效果越好。

4. 股权集中度、政府补贴与企业技术创新投入

企业技术创新能力的提高必须依靠企业技术创新的持续投入，由于技术创新具有高风险、投资周期较长等特征，在企业中拥有资产的股东会对这种投资决策比较慎重，而企业大股东持股份额较大，他们风险分散不足，风险规避程度一般较高，就会干预经理人的决策，影响企业技术创新的投入。股权集中度是衡量股权结构的重要指标，本书运用股权集中度来研究什么样的股权结构有益于政府补贴促进企业技术创新的投入。因此，提出研究假设：

H9：股权越分散的企业，政府补贴对企业技术创新投入促进效果越好。

（二）研究设计

1. 模型构建与变量选取

采用 OLS 回归分析方法考察政府补贴与企业技术创新投入之间的关系，构建模型如下：

$$R\&D = \beta_0 + \beta_1 X1 + \alpha C \tag{5-1}$$

$$R\&D = \beta_0 + \beta_1 X1 + \beta_2 X2 + \beta_3 X1 \times X2 + \alpha C \tag{5-2}$$

$$R\&D = \beta_0 + \beta_1 X1 + \beta_2 X3 + \beta_3 X1 \times X3 + \alpha C \tag{5-3}$$

$$R\&D = \beta_0 + \beta_1 X1 + \beta_2 X4 + \beta_3 X1 \times X4 + \alpha C \tag{5-4}$$

式中，R&D 为被解释变量，表示企业的技术创新投入，X1 表示上市公司当期获得的政府补贴额，X2 表示市场化进程，X3 表示产品市场竞争，X4 表示股权集中度，C 表示系列的控制变量，变量的具体定义如表5-22 所示。

表 5-22 补充研究主要变量定义

变量类型	变量	定义
被解释变量	研发投入强度 R&D	当期企业研发投入与营业收入之比
解释变量	政府补贴 X1	当期政府补贴总额与期末资产之比
	市场化进程 X2	樊纲、王小鲁和朱恒鹏编制的各地区市场化指数，根据均值将样本分组，分为市场化进程高和市场化进程低两组
	产品市场竞争程度 X3	1 个行业中各市场竞争主体所占行业主营业务收入百分比的平方和，即 HHI 指数
	股权集中度 X4	公司前五大股东持股比例之和
控制变量	企业规模 C1	公司期末资产的自然对数
	资产负债率 C2	负债总额与资产总额的比值
	企业成长性 C3	总资产增长率
	盈利能力 C4	净资产收益率（ROE）
	产权性质 C5	国有企业定义 1，非国有企业为 0

2. 样本的选择与数据的获取

根据证监会 2012 年行业分类标准，选择信息传输、软件和信息技术服务业上市公司为研究对象，选择 2016～2019 年的面板数据，删除 2016 年以后上市的公司，剔除 ST 的公司以及数据不全的公司，并对公司层面的连续变量进行 1% 水平的极端值缩尾处理，共得到符合要求的公司 146 家，1022 个观测值，数据主要来源于国泰安数据库（CSMA）及巨潮网公布的企业年报数据。运用传统的最小二乘法（OLS）对样本上市公司政府补贴对企业创新投入的影响进行研究。样本企业的地区分布情况如图 5-4 所示。

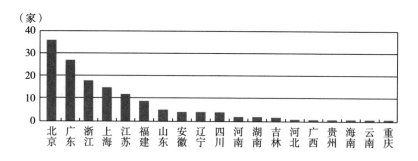

图 5-4　样本公司地区分布

通过对样本公司基本情况的了解，样本公司中非国有企业占比高达 83%，说明民营资本在该行业较为活跃；而在地区分布中，该行业上市公司在全国 31 个省份中仅北京、广东、浙江、上海和江苏 5 个省份就占据了 74%，说明该行业主要集中在首都和东部沿海发达地区，这些地区市场化程度高。

（三）统计分析

1. 描述性统计

补充研究的主要变量的描述性统计结果如表 5-23 所示。

表5-23 补充研究主要变量的描述性统计

变量	样本	均值	标准差	最小值	最大值
X1	1022	0.0096121	0.0091691	0.0000877	0.0456307
X2	1022	8.857278	1.218248	4.81	10.34242
X3	1022	0.1257136	0.191635	0.032737	0.890434
X4	1022	0.4827531	0.1351321	0.209436	0.756872
C1	1022	21.56564	1.132379	7.607381	24.34312
C2	1022	0.3089441	0.1712771	0.038461	1.412498
C3	1022	0.2767396	0.4829885	−0.527871	2.586532
C4	1022	0.0688537	0.1346278	−1.868176	1.610631
C5	1022	0.1741683	0.3794398	0	1

由表5-23可知，就企业的研发强度而言，均值仅为0.96%，表明样本公司的研发投入水平仍较低，且企业研发投入强度差距较大，最小值和最大值分别是0.00877%和4.56%。

2. 相关系数检验

补充研究的主要变量的相关系数检验如表5-24所示。

表5-24 补充研究主要变量的相关系数检验

变量	RD	X1	C1	C2	C3	C4	C5
RD	1						
X1	0.285	1					
C1	−0.0771	−0.0995	1				
C2	−0.235	−0.108	0.295	1			
C3	−0.0916	−0.0546	0.0570	−0.0643	1		
C4	−0.0110	0.148	0.0612	−0.156	0.297	1	
C5	−0.186	0.00530	0.210	0.205	−0.131	0.0163	1

由表5-24可知，政府补贴对企业技术创新的相关系数为正。

3. 单变量检验

以政府补助均值的分组检验如表5-25所示。

表5-25　以政府补助均值的分组检验

变量	样本数	均值	均值t检验
X1 小于均值	650	0.088	−7.6651***
X1 大于均值	372	0.131	

注：均值采用t检验，***表示1%显著性水平通过检验。

由表5-25可知，通过均值检验，政府补助对不同分组公司企业技术创新的影响显著不同。

（四）实证回归结果

1. 主效应回归分析

如表5-26所示，第（1）列不加任何控制变量，第（2）列加入主要控制变量，第（3）列加入主要控制变量并控制了年份。政府补贴X1与企业技术投入之间显著正相关（$\beta = 2.652$，$\rho < 0.01$），即政府补贴对企业技术创新投入具有促进作用。因此，H5得到了验证。

表5-26　政府补助与企业技术创新投入回归分析

变量	（1）	（2）	（3）
Constant（常数项）	0.078***	0.034	0.044
	(9.82)	(0.46)	(0.51)
X1	2.760***	2.635***	2.652***
	(4.13)	(4.02)	(4.07)
C1		0.004	0.004
		(1.23)	(0.90)
C2		−0.104***	−0.103***
		(−3.59)	(−3.57)
C3		−0.018***	−0.019***
		(−3.57)	(−3.42)

续表

变量	（1）	（2）	（3）
C4		−0.036*	−0.034
		（−1.67）	（−1.55）
C5		−0.040***	−0.039***
		（−3.40）	（−3.30）
Year	NO	NO	YES
N	1022	1022	1022
调整的 R^2	0.080	0.157	0.153
F	17.04	12.45	8.16

控制变量中，企业规模（C1）对其技术创新投入无显著的影响，表明在该行业中企业的规模与研发投入强度相关性不显著。资产负债率（C2）、企业成长性（C3）、盈利能力（C4）和产权性质（C5）与研发投入强度显著负相关，表明企业的偿债能力越强，研发投入的强度越高。同时，在该行业中，越是处于落后地位的企业创新研发意愿越强，投入越大。企业通过主动地加大投入进行技术创新来逃离产业内其他企业，使其在激烈的市场竞争中能够改善其盈利的状况，逃离竞争效应明显。此外，非国有企业技术创新投入强度高于国有企业。

2. 不同市场化水平的回归分析结果

为了进一步验证 H6，根据市场化进程指数的均值将样本公司进行分类，分为小于均值的市场化进程低的一组和大于均值的市场化进程高的一组，考察在不同市场化进程的地区，政府补贴对企业技术创新投入的影响是否存在差异。结果如表5-27所示。

表5-27 不同市场化进程下政府补助与企业创新回归分析

变量	（1） 市场化进程高	（2） 市场化进程低
cons	−0.101	0.148*
	（−0.65）	（1.66）

变量	(1) 市场化进程高	(2) 市场化进程低
X1	3.807***	0.951
	(5.14)	(1.09)
C1	0.010	0.000
	(1.25)	(0.07)
C2	−0.085***	−0.156***
	(−2.85)	(−3.10)
C3	−0.020***	−0.018**
	(−3.02)	(−2.13)
C4	−0.037*	−0.061
	(−1.79)	(−1.08)
C5	−0.055***	−0.013
	(−4.16)	(−0.78)
Year	YES	YES
N	688	334
R^2	0.210	0.102
F	8.886	4.059

通过表5-27的第（1）列可知，市场化程度高的观测组市场化进程和政府补贴的交互项与企业研发投入强度显著正相关（β = 3.807，ρ < 0.01），表明市场化进程越高的地区，政府补贴越能够提高企业研发投入强度。但是，与之相反，通过第（2）列可知，在市场化程度低的观测组中，市场化进程和政府补贴的交互项与企业研发投入强度相关性不显著，进一步验证了，市场化程度低的地区，政府补贴对企业研发投入的促进作用越不显著。H6通过检验。

3. 市场竞争度和股权集中度的调节效应

为了验证H7和H8，将研发投入强度作为研发投入的代理变量，考察在处于不同产品市场竞争的行业以及在股权集中度不同的企业，政府补贴对企业技术创新投入的影响是否存在差异。结果如表5-28所示。

表 5-28 市场竞争和股权集中的调节效应分析

变量	（1）	（2）	（3）	（4）
constant	0.023	0.018	0.051	0.045
	（0.31）	（0.20）	（0.64）	（0.50）
X1	2.796 ***	2.798 ***	7.697 ***	7.697 ***
	（3.45）	（3.46）	（3.11）	（3.10）
X3	−0.038 *	−0.039		
	（−1.65）	（−1.60）		
X1X3	−2.749	−2.726		
	（−0.83）	（−0.82）		
X4			0.028	0.026
			（0.47）	（0.44）
X1X4			−10.347 **	−10.351 **
			（−2.27）	（−2.25）
C1	0.005	0.005	0.003	0.003
	（1.42）	（1.21）	（0.91）	（0.86）
C2	−0.106 ***	−0.106 ***	−0.106 ***	−0.106 ***
	（−3.69）	（−3.70）	（−3.56）	（−3.58）
C3	−0.017 ***	−0.017 ***	−0.015 ***	−0.016 ***
	（−3.21）	（−3.10）	（−2.86）	（−2.80）
C4	−0.034	−0.035	−0.030	−0.031
	（−1.56）	（−1.55）	（−1.37）	（−1.35）
C5	−0.036 ***	−0.036 ***	−0.038 ***	−0.038 ***
	（−3.08）	（−3.04）	（−3.12）	（−3.09）
Year	NO	YES	NO	YES
N	1022	1022	1022	1022
调整的 R^2	0.172	0.167	0.185	0.180
F	13.38	8.894	11.31	8.116

表 5-28 中第（1）和第（2）列是市场竞争的调节，其中第（1）列未控制年份效应，第（2）列控制了年份效应；第（3）和第（4）列是股

权集中的调节，其中第（3）列未控制年份效应，第（4）列控制了年份效应。从第（1）和第（2）列的回归结果可知，产品市场竞争和政府补贴的交互项与企业研发投入强度负相关，但并不显著，表明样本行业产品市场竞争的强弱对政府补贴对企业研发投入的促进作用影响不显著。H7未通过检验。

通过第（3）和第（4）列的回归结果可知，股权集中度和政府补贴的交互项与企业研发投入强度显著负相关（β=−10.351，ρ<0.05），表明企业股权越分散，政府补贴越能够提高企业研发投入强度。H8通过检验。

此外，控制变量C1～C5的检验结论与主效应回归分析结论完全一致。

4. 稳健性检验，替换变量

为了使结果更加稳健，进行稳健性检验，将企业研发投入与总资产的比值作为被解释变量，将政府补贴与营业总收入的比值作为解释变量进行回归，结果如表5-29所示。

表5-29　政府补贴与企业技术创新投入的回归结果（稳健性检验）

变量	（1）	（2）	（3）	市场化进程高（4）	市场化进程低（5）
cons	0.035	−0.003	0.049	−0.142	0.136
	(0.40)	(−0.04)	(0.55)	(−0.91)	(1.60)
X1	1.084 ***	1.210 ***	2.530 ***	1.533 ***	0.603
	(4.04)	(5.26)	(3.07)	(5.88)	(1.56)
X3		−0.048 ***			
		(−2.26)			
X1X3		−0.900			
		(−0.85)			
X4			−0.015		
			(−0.32)		
X1X4			−2.781 *		
			(−1.84)		
C1	0.004	0.006	0.004	0.011	0.000
	(0.89)	(1.33)	(0.91)	(1.45)	(0.05)

续表

变量	（1）	（2）	（3）	市场化进程高（4）	市场化进程低（5）
C2	−0.082***	−0.084***	−0.086***	−0.062**	−0.137**
	（−2.81）	（−2.89）	（−2.93）	（−2.09）	（−2.50）
C3	−0.020***	−0.018***	−0.017***	−0.024***	−0.018**
	（−3.91）	（−3.35）	（−3.24）	（−3.67）	（−2.21）
C4	−0.020*	−0.022*	−0.017*	−0.016**	−0.064*
	（−0.86）	（−0.97）	（−0.72）	（−0.72）	（−1.14）
C5	−0.032***	−0.028**	−0.031**	−0.051***	−0.008
	（−2.73）	（−2.41）	（−2.55）	（−3.48）	（−0.52）
Year	YES	YES	YES	YES	YES
N	1022	1022	1022	688	334
调整的 R^2	0.181	0.204	0.206	0.239	0.136
F	6.899	9.574	7.054	10.02	3.163

　　通过稳健性检验结果可以发现，政府补贴与研发投入强度显著为正，进一步支持了 H5 成立，且其他结果与前文的分析结论均保持一致。

　　补充研究使用的方法和样本虽然与主研究不同，但两者的主要研究结论基本一致，即肯定了政府补贴这一产业政策对企业创新投入的激励作用，且市场化程度对其起到了显著的推动作用，而市场竞争的作用不显著。

第六章

结论与展望

一、结论

社会的发展依靠技术的进步，技术的进步离不开企业的技术创新活动。研发创新活动既是提升企业核心竞争力的关键因素，也是国家战略中实现经济增长、促进技术进步的核心组成要素，有关其影响因素的研究历来引起理论界与实务界的广泛关注。企业创新活动无法避免市场失灵的问题，政府力图通过产业政策来减少市场失灵所带来的损失。目前已形成了涉及市场环境、金融发展、行业特征以及企业财务特征等宏观、中观、微观多维度研究成果，但是应如何推动企业研发创新，提高创新投入和创新产出一直以来存在争议。现有的研究探讨了通过产业政策的干预是否达到了有效调整市场失灵、矫正研发外部性的目的，继而形成了产业政策扶持对企业创新活动的激励效应、挤出效应和混合效应等不同的观点（Rothwell et al.，1985；Wallsten，2000；Lazzarini，2015；Marino et al.，2016；王克敏等，2017）。

由于中国是一个从计划经济向市场经济转型的国家，因此政府的产业政策对企业决策行为的影响很大（江飞涛等，2010）。"五年规划"是我国众多产业政策中的纲领性文件，对未来五年的产业发展进行了比较系统的规划（Chen et al.，2017），但由于我国不同企业的产权性质多样、不同地区的市场化程度存在很大差距，各个行业的竞争程度也各不相同，因此，产业政策的效果千差万别（樊纲等，2011）。我国的"十三五"规划对企业创新投入和创新产出的影响究竟如何，且不同的产业政策工具对产业政策影响企业创新的作用机制与效果怎样，这些都是亟待研究的问题。因此，针对我国科技投入强度不断增强，但关键领域创新能力仍然低下的现状（黄群慧等，2015），本书从企业创新的角度出发，以2011~2019年中国上市公司为样本，使用双重差分模型（DID）考察了宏观产业政策之于微观企业创新的激励效果，并运用中介效应模型，分别从选择性产业政策与功能性产业政策两个角度研究了产业政策影响企业创新的作用机制。研究结果表明：

第一，从DID分析的结果和补充分析的结果都可以看出，"十三五"规划是能够激励被扶持企业的创新投入，该结论与当前主流研究成果的结论相同（冯海波等，2017；余明桂等，2016）。通过动态DID分析可以看出，产业政策对企业创新投资的影响呈现出"先降后升"的动态变化趋势。也就是说，Treat×Year的系数第二年最低，然后逐年增加，最后一年达到最高。导致这种变化趋势的原因可能是"十三五"规划是一项政策性文件，而政策的具体实施具有一定的滞后性。

第二，产业政策对企业的创新产出的影响结果为负数，即产业政策不仅没有提高反而抑制了被扶持企业的创新产出，但结果不显著。这一结论与孟庆玺等（2016）、Bronzini等（2016）的研究结论一致。受到产业政策扶持的行业，其外部融资更具有优势（Chen et al.，2017）；为此，企业往往通过增加创新数量的方法来"寻扶持"，而创新的质量并没有显著提高（黎文靖、郑曼妮，2016）。因此，选择性产业政策所激励的仅仅是企业的策略性创新，获取了政府产业政策支持的企业，由于能通过政策扶持而获取更多的资金、渠道等资源，进而获得更高的收益，因而也就缺乏创新的意愿。其他愿意创新的企业却因资源的匮乏而创新乏力，最终造成了产业政策并未起到激励企业创新产出的作用。

第三，无论是选择性产业政策工具（政府补贴与税收优惠）还是功能性产业政策工具（市场化进程与市场竞争），均对产业政策对企业创新投入的影响起到了中介效应的作用，且均为部分中介效应。其中，政府补贴、税收优惠和市场化程度的系数为正且均显著，说明这三个政策工具均对产业政策激励企业创新投入起到了促进作用。但是 HHI 的系数为负，代表了市场集中度越高，产业政策对企业创新投入的影响越小，但结果不显著，这个结论与补充研究的结论一致，部分学者的研究可以适当地解释该结果产生的原因。例如，张杰等（2014）得出在中国情景下竞争和创新之间呈显著正向关系的结论，认为中国工业行业基本上处于 NN（Neck-Neck）结构类型，并不像英国、美国这样的发达国家中的部分产业已经处于 LL（Leader-Leader）结构类型的特征，即中国的行业内技术差距较小，在企业间技术差距小的结构类型的产业中，竞争对企业创新产生的是促进效应，即市场竞争越激烈，政府补贴对企业技术创新投入促进效果越好。本书结论与此相似，但是实证结论中市场竞争对创新的促进作用却并不显著。

第四，通过进一步进行各因素中介效应对比分析，结果显示政府补助对企业创新投入的中介效应最大，其次是税收优惠，再后是市场化进程，产品市场竞争的中介效应最小。这一结论与中国的产业政策具有强烈的管制性特征是相符的，即中国的产业政策是以选择性产业政策为主，具有以政府选择代替市场机制的特征（江飞涛、李晓萍，2010）。产业政策所涉及的财税、金融、土地、行业准入、行政审批等诸多方面的政策都体现了政府对产业和投资方向的选择性倾向。在选择性产业政策的制定与实施过程中，政府的选择判断代替了市场的选择，直接向政府选择扶持的行业企业提供财政补贴、税收优惠等，更易操作，也有利于各级政府短期业绩的实现（白俊、孟庆玺，2015）。而以放松行业管制、降低行业准入、简化行政审批、培养专业化人才、优化市场环境等措施为主要内容的功能性产业政策却耗时长，见效慢，不确定性更强。因此，长期以来，在我国选择性产业政策一直处于主导地位，其政策的中介效应也较功能性产业政策要大。

第五，从产权性质和企业规模两个角度来分析，产业政策对不同异质性企业的创新投入与产出的作用均不同。其中，在创新投入方面，产业政策对国有企业和大规模企业的创新投入的激励作用显著，对非国有企业和小企业的创新投入的激励作用不显著。在创新产出方面，产业政策对国有企业和小规模企业的创新产出的作用不显著，但对大规模企业、非国有企业的抑制作用显著。

究其原因，政府要运用"有形之手"达到资源有效配置的目的，一方面需要政府要有意愿和能力来制定和推行合理的产业政策，另一方面，政策的实施成本应该比通过市场调节更低（江小涓，1993）。但是实际上政府既不可能了解企业技术发展的全部信息，而且由于在专业性知识方面的局限性，也很难准确地预测技术未来的发展前景和价值（Powell，2005；张曙光，2013），因此，政府和企业之间存在严重的信息不对称现象（宋凌云、王贤彬，2013）。我国仍处于转轨期，在市场经济体系欠完善、法制建设仍不健全的情况下（Allen et al.，2005；孔东民等，2013），通过寻租活动而获取资源则不可避免，但这反而会降低资金配置的效率，从而削弱政府产业政策对创新的促进作用（Shleifer and Vishny，1994；安同良等，2009）。国有企业或大企业具有一定的资源背景，更容易获取选择性产业政策的扶持，使其依靠资源优势就能获取超额垄断利润，因此，即使实证结果显示产业政策促进了国有大企业的创新研发投入，但是国有企业在占有大量创新资源的情况下，却并未重视提高创新的"质量"（黎文靖、郑曼妮，2016），结果导致了产业政策对企业创新产出的影响不显著。而非国有企业和小企业在非公平的资源配置与市场竞争环境下，在创新资源不占优势的情况下导致其创新能力不足，产业政策对其创新投入未起到显著的促进作用。

二、政策建议

基于实证研究结论，我们对我国实施产业政策的建议如下：

（一）进一步强化选择性产业政策对促进企业创新投入的中介作用

充分发挥选择性产业政策在促进企业创新投入方面所起的作用，运用多样化与灵活化的政策形式，加大功能性产业政策对企业的扶持力度，更好地发挥功能性产业政策对企业创新投入的促进作用。

两种选择性产业政策各有其优势与特点，对企业创新的影响机理也各不相同。财政补贴具有较快的反应速度，可控性和时效性较强，而税收优惠政策在公平性、普遍性方面则更有优势（程华，2006）。为了提升我国选择性产业政策的实施效率，针对不同领域或产业可以采用不同的产业政策。例如，对公共品性质的行业或创新项目，应采用政府直接补贴的方式；而对于竞争性的行业或创新项目，在实施政府补贴或税收优惠方式时应参考项目的特征，决定进行补贴的时机或环节（唐清泉等，2008），明确项目具体的激励目标，建立绩效评价制度和奖惩制度，根据绩效评价结果，动态调整政府补贴或税收优惠政策，提高两种选择性产业政策的协同效应，加强对产业政策全过程的管理，以减少企业的道德风险问题（柳光强，2016）。

此外，政府财政补贴属于专款专用，具有事前性、资助对象选择的任意性和补贴领域重叠的特征（朱云欢、张明喜，2010），而税收优惠没有指定用途，在市场干预、灵活程度、管理成本等方面优于政府补贴（OECD，1994），在税收优惠的引导下，企业可以根据项目需要，跟进大量研发资金来进行创新。因此，政府可以更多地采用税收优惠的方式来诱导企业的市场行为，以突出企业研发的主体地位（David and Hall，2000）。

（二）逐步完善功能性产业政策，促进其在激励企业创新中的中介作用

选择性产业政策虽然可以促进企业的创新投入，但是由于没有营造良好的市场环境，产业政策的扶持反而抑制了企业的创新产出。之所以产生这种结果，从信息不对称理论的角度来看，一方面，由于产业的差异大，技术的专业性强等，使得政府在制定政策时很难掌握充分、准确的信息（李春成，2000）。另一方面，在利益最大化目标的驱动下，企业为了成为选择性产业政策的扶持对象，可以根据政策的变化及时调整企业策略，而获得的政策资源也有可能服务于自身利益而非创新，从而削弱了产业政策的效果。因此，为了减少信息不对称所带来的损失，在产业政策实施时，不能单凭政府的判断和选择代替市场的选择，运用市场优化型的功能性产业政策来营造公平、高效的市场环境，则是有效地提高产业政策效果的必然选择（江飞涛、李晓萍，2010）。

1. 完善市场机制，营造良好的制度环境，发挥市场的内生动力

科技创新最大的激励源于健全制度的市场环境，这能够给科技创新提供足够的市场预期、发展动力和创新激励（王小霞，2022）。随着中国改革的深化，市场经济体制的不断完善，市场运行逐渐成熟，功能性产业政策的调整优势在逐渐显现（黎文靖、李耀淘，2014）。借鉴已有的研究，提出强化功能性产业政策的几点建议如下：

（1）明确政府在促进企业创新方面的职责。在优化产业结构的过程中，由于创新具有强烈的外部性，除市场调节机制外，政府运用"有形之手"来纠正市场的偏差非常必要。但是，政府在这个过程中的职责是什么？创新的主体是企业，政府的主要职责就是给企业的发展创造公平的制度环境，即服务型政府，如优化改善金融环境和法律环境，通过对企业的创新项目进行评价、监督和补贴支持，引导社会资源的优化配置，避免市

场失灵，以促进企业的创新（唐清泉等，2008）。

（2）完善基础设施建设，建立健全社会服务体系。基础设施不仅包含物质性基础设施（交通设施、网络设施等），还包括社会性基础设施及制度性基础设施（如科技投入、人力资本培育、交易平台搭建等）（黄先海、陈勇，2008）。例如，于蔚等（2012）认为，我国金融市场尚缺乏高水平的第三方中介评价机构，来对企业的质量做出准确的判断（白重恩等，2005），这增加了政府等信息需求者获取决策有用信息的难度和成本。以基础设施为代表的社会服务体系具有公共产品的性质，因此，加强基础设施建设，提高社会服务体系的质量，既可以降低企业的经营和创新成本，提高培育高效率的社会服务机构，也可以降低产业政策实施的信息不对称问题，从而提高产业政策实施的有效性。

（3）加快各地市场化进程建设，减少地区差异对创新的影响。市场化进程越高的地区，产业政策对企业创新投入的促进作用越强，说明加强市场化进程的建设，将有利于企业创新。由于在转轨时期地方政府干预市场的选择性行为（Young，2000），使我国各地产权交易市场、商品和要素市场分割（刘志彪、孙令池，2021），造成市场化进程差异明显的现状。要改变这一现状，加强市场化进程建设的主要措施应包括推进资本市场、土地市场、产品市场、人才市场等要素市场的改革，制定严格的产权保护政策与法律法规，提高要素市场交易的公开透明度，提供公平自由的竞争环境等（樊纲等，2011）。

2. 继续加大对产品市场竞争的激励

通过前述研究知道，造成产业政策效果不佳的原因，既包括由于信息不对称，政府的选择代替市场机制所造成的资源错配（柳光强，2016），也包括以国有大企业为代表的受扶持企业所获取的创新资源过于集中，资源带来的超额收益抑制了企业的创新意愿（余明桂等，2010）。OECD（2011）倡议各国消除国有企业在税收、融资、政府采购、执法监管等方面的优惠，建立公平的竞争环境。"十三五"规划纲要中提出，要消除对非公有制经济的不合理对待和壁垒。激励市场竞争的具体措施包括完善市场准入机制，消除待遇差别，引进市场竞争机制（张一武，2019），通过系列的普惠措施，建立公平竞争的市场环境，对通过竞争筛选出的有能力的企业给予政策扶持，以激发市场主体的创新潜能，更好地发挥产业政策促进企业技术创新的促进作用（黎文靖、郑曼妮，2016）。

为了建立公平竞争的市场环境，提高全国的市场化进程水平，减少各地差异，2022 年 3 月 25 日，《中共中央　国务院关于加快建设全国统一大市场的意见》颁布。意见从总体要求、强化市场基础制度规则统一、推进市场设施高标准联通、打造统一的要素和资源市场、推进商品和服务市场高水平统一、推进市场监管公平统一、进一步规范不当市场竞争和市场干预行为及组织实施保障八个方面，系统全面地对加快建设全国统一大市场的具体实施与操作进行了部署。统一大市场的建立就在于建立全国统一的市场制度规则，打破地方保护和市场分割，促进商品要素资源在更大范围内畅通流动，形成高效规范、公平竞争、充分开放的市场，以集聚资源、促进竞争、推动经济增长（陈朴等，2021），通过营造稳定公平、透明、可预期的营商环境，促进科技创新和产业升级。

三、不足与展望

本书在研究内容上主要考察了产业政策对企业创新投入和创新产出的影响，后续还将进一步分析产业政策对企业创新效率等方面的影响。在中介变量上选用最能反映政策状况的四个指标，而忽略了其他的指标，在今后的研究中可以逐步丰富反映产业政策的测量指标，来考察研究的结果。本书仅将企业因素作为控制变量，后续将对公司治理等企业因素在产业政策对企业创新的影响方面进行深入的研究。此外，由于产业政策对不同行业和地区的企业影响差别较大，因此，在后续的研究中将分不同的行业或地区进行分类分析，以得出更为细致的结论。

　　总之，本书通过对产业政策与企业创新关系的研究，揭示了现阶段我国产业政策对企业创新的影响与作用机制，并提出了改进的建议，以期能够完善产业政策效果，提高我国企业创新质量，达到产业结构优化升级的目的。

参考文献

［1］ S. Kolluru, and P. Mukhopadhaya. "Empirical studies on innovation per-
formance in the manufacturing and service sectors since 1995: A systematic review"
［J］. The economic Society of Australia, 2017, vol. 36, no. 2, pp. 223-248.

［2］ B. Montmartin, and N. Massard. "Is financial support for private
R&D always justified? A discussion based on the literature on growth" ［J］.
Journal of Economic Surveys, 2015, vol. 29, no. 3, pp. 479-505.

［3］ C. Dimos, and G. Pugh. "The effectiveness of R&D subsidies: A me-
ta - regression analysis of the evaluation literature" ［J］. Research Policy,
2016, vol. 45, no. 4, pp. 797-815.

［4］ J. E. Stiglitz, and B. Greenwald. "Creating a learning society: A new
approach to growth, development, and social progress" ［M］. Beijing: CITIC
Press Group, 2017.

［5］ F. Fukuyama. "The source of backwardness: An interpretation of the
development gap between Latin America and the United States" ［M］.
Beijing: CITIC Publishing Group, 2015.

［6］ D. Tevdovski, K. Tosevska-Trpcevska, and E. M. Disoska. "What is the
role of innovation in productivity growth in Central and Eastern European countries?"
［J］. Economics of Transition, 2017, vol. 25, no. 3, pp. 527-551.

［7］ 林毅夫，张军，王勇. 产业政策总结、反思与展望 ［M］. 北

京：北京大学出版社，2016.

[8] 江飞涛，李晓萍．直接干预市场与限制竞争：中国产业政策的取向与根本缺陷 [J]．中国工业经济，2010 年，第 9 期，第 26-36 页．

[9] D. H. Chen, Z. O. Li, and F. Xin. "Five-Year Plan, China finance and their consequences" [J]．China Journal of Accounting Research, 2017, vol. 10, no. 3, pp. 189-230.

[10] 宋凌云，王贤彬．重点产业政策、资源重置与产业生产率 [J]．管理世界，2013 年，第 12 期，第 63-77 页．

[11] 韩乾，洪永淼．国家产业政策、资产价格与投资者行为 [J]．经济研究，2014 年，第 12 期，第 143-158 页．

[12] T. J. Klette, J. Møen, and Z. Griliches. "Do subsidies to commercial R&D reduce market failures? Microeconomic evaluation studies" [J]．Research Policy, 2000, vol. 29, no. 4-5, pp. 471-495.

[13] N. Bloom, J. V. Reenen, and H. Williams. "A toolkit of policies to promote innovation" [J]．Journal of Economic Perspective, 2019, vol. 33, no. 3, pp. 163-184．

[14] J. A. Schumpeter. "Capitalism, socialism and democracy" [J]．Political Studies, 1942, vol. 27, no. 4, pp. 594-602.

[15] R. M. Solow. "A contribution to the theory of economic growth" [J]．The Quarterly Journal of Economics, 1956, vol. 70, no. 1, pp. 65-94.

[16] 林毅夫．新结构经济学：反思经济发展与政策的理论框架 [M]．北京：北京大学出版社，2012.

[17] 舒锐．产业政策一定有效吗？——基于工业数据的实证分析 [J]．产业经济研究，2013 年，第 3 期，第 45-54+63 页．

[18] 黎文靖，李耀淘．产业政策激励了公司投资吗 [J]．中国工业经济，2014 年，第 5 期，第 122-134 页．

[19] 余泳泽．创新要素集聚、政府支持与科技创新效率——基于省域数据的空间面板计量分析 [J]．经济评论，2011 年，第 2 期，第 93-

101 页．

［20］肖文，林高榜．政府支持、研发管理与技术创新效率——基于中国工业行业的实证分析［J］．管理世界，2014 年，第 4 期，第 71－80 页．

［21］申宇，黄昊，赵玲．地方政府"创新崇拜"与企业专利泡沫［J］．科研管理，2018 年，第 39 卷第 4 期，第 83－91 页．

［22］余明桂，回雅甫，潘红波．政治联系、寻租与地方政府财政补贴有效性［J］．经济研究，2010 年，第 3 期，第 65－77 页．

［23］刘运国，刘雯．我国上市公司的高管任期与 R&D 支出［J］．管理世界，2007 年，第 1 期，第 128－136 页．

［24］黎文靖，郑曼妮．实质性创新还是策略性创新？——宏观产业政策对微观企业创新的影响［J］．经济研究，2016 年，第 4 期，第 60－73 页．

［25］江小娟．经济转轨时期的产业政策［M］．上海：上海三联书店，1996．

［26］冯飞鹏．政府产业政策对企业创新的影响——文献综述与逻辑框架［J］．南华大学学报（社会科学版），2019 年，第 20 卷第 6 期，第 69－77 页．

［27］江小涓．中国推行产业政策中的公共选择问题［J］．经济研究，1993 年，第 6 期，第 3－18 页．

［28］顾昕，张建君．挑选赢家还是提供服务？——产业政策的制度基础与施政选择［J］．经济社会体制比较，2014 年，第 1 期，第 231－241 页．

［29］OECD．"Perspectives on global development 2013：Industrial policies in a Changing World"［R］．Paris：OECD Development Center，2013．

［30］黄群慧，李晓华．中国工业发展"十二五"评估及"十三五"战略［J］．中国工业经济，2015 年，第 9 期，第 5－20 页．

［31］连立帅，陈超，白俊．产业政策与信贷资源配置［J］．经济管

理，2015 年，第 12 期，第 1-11 页．

［32］赵卿．国家产业政策、产权性质与公司业绩［J］．南方经济，2016 年，第 3 期，第 68-85 页．

［33］连立帅，陈超，米春蕾．吃一堑会长一智吗？——基于金融危机与经济刺激政策影响下企业绩效关联性的研究［J］．管理世界，2016年，第 4 期，第 111-126 页．

［34］ P. Aghion，J. Cai，M. Dewatripont，L. S. Du，A. Harrison，and P. Legros. "Industrial policy and competition"［J］. American Economic Journal：Macroeconomics，2015，vol. 7，no. 4，pp. 1-32.

［35］ C. Johnson. "The industrial policy debate"［M］. San Francisco：Institute for Contemporary Studies，1984.

［36］ K. Saggi. "Preferential trade agreements and multilateral tariff cooperation"［J］. International Economic Review，2006，vol. 47，no. 1，pp. 29-57.

［37］ J. Lee，I. Clacher，and K. Keasey. "Industrial policy as an engine of economic growth：A framework of analysis and evidence from South Korea（1960-1996）"［J］. Business History，2012，Volume54，no. 5，pp 713-740.

［38］张维迎．为什么产业政策注定会失败？［J］．中国连锁，2016年，第 11 期，第 84-86 页．

［39］ S. Lall. "Comparing national competitive performance：An economic analysis of World Economic Forum's Competitiveness Index"［C］. QEH Working Paper，2001：61-102.

［40］周叔莲，吕铁，贺俊．新时期我国高增长行业的产业政策分析［J］．中国工业经济，2008 年，第 9 期，第 46-57 页．

［41］黄先海，陈勇．论功能性产业政策——从 WTO "绿箱" 政策看我国的产业政策取向［J］．浙江社会科学，2003 年，第 2 期，第 66-70页．

［42］冯海波，刘胜．所得课税、风险分担异质性与创新［J］．中国工业经济，2017 年，第 8 期，第 138-155 页．

［43］陈冬华，李真，新夫．产业政策与公司融资——来自中国的经验证据［C］．中国会计与财务研究国际研讨会论文集，2010 年，281-360 页．

［44］邱兆林．中国产业政策的特征及转型分析［J］．现代经济探讨，2015 年，第 7 期，第 10-14 页．

［45］余明桂，范蕊，钟慧洁．中国产业政策与企业技术创新［J］．中国工业经济，2016 年，第 12 期，第 5-22 页．

［46］S. G. Lazzarini. "Strategizing by the government: Can industrial policy create firm – level competitive advantage?" ［J］. Strategic Management Journal, 2015, vol. 17, pp. 97-112.

［47］D. Rodrik. "Industrial policy for the twenty – first century" ［J］. Centre for Economic Policy Research, Discussion Paper NO. 4767, 2004.

［48］J. Weiss. "Industrial policy in the twenty-first century: Challenges for the future" ［J］. UNU—WIDER Working Paper, United Nations University, no. 55, 2011.

［49］黄海杰，吕长江，Edward Lee. "四万亿投资" 政策对企业投资效率的影响［J］．会计研究，2016 年，第 2 期，第 51-58 页．

［50］毕晓方，张俊民，李海英．产业政策、管理者过度自信与企业流动性风险［J］．会计研究，2015 年，第 3 期，第 57-64 页．

［51］J. A. Robinson. "Industrial policy and development: A political economy perspective" ［C］. Annual World Bank Conference on Development Economics Global, 2009.

［52］J. Schumpeter. "The theory of economic development" ［M］. (First published in 1912), Cambridge, MA: Harvad University Press, 1934.

［53］K. J. Arrow. "The economic implications of learning by doing" ［J］. Review of Economic Studies, 1962, vol. 29, pp. 155-173.

［54］R. Nelson, and S. Winter. "The Schumpeterian Tradeoff Revisited" ［J］. American Economic Review, 1982, vol. 72, no. 1, pp. 114-132.

［55］R. Henderson, and K. Clark. " Architectural innovation: The recon-figuration of existing product technologies and the failure of established firms"［J］. Administrative Science Quarterly, 1990, vol. 35, no. 1.

［56］OECD. "OECD science, technology and industry survey 2002"［M］. Beijing: Science and Technology Literature Press, 2004, pp. 250-263.

［57］张杰，周晓艳，李勇. 要素市场扭曲抑制了中国企业 R&D?［J］. 经济研究，2011 年，第 8 期，第 78-91 页.

［58］G. Rothwell, R. Rothwell, and W. Zegveld. " Reindustrialization and technology"［M］. Longman Group Limited, 1985.

［59］G. Hayward. "Reindustrialization and technology: By Roy Rothwell and Walter Zegveld"［J］. Technovation, 1986, no. 4, pp. 318.

［60］R. Kollmann, W. Roeger, and J. I. Veld. "Fiscal policy in a finan-cial crisis: Standard policy versus Bank Rescue Measures"［J］. American Eco-nomic Review, 2012, vol. 102, no. 3, pp. 77-81.

［61］K. N. Kang, and H. Park. "Influence of government R&D support and inter - firm collaborations on innovation in Korean biotechnology SMEs"［J］. Technovation, 2012, vol. 32, no. 1, pp. 68-78.

［62］B. Greenwald, and J. E. Stiglitz. "Industrial policies, the creation of a learning society, and economic development"［C］. The Industrial Policy Revolution, Part of the International Economic Association Series book series（IEA）, 2013, pp. 43-71.

［63］D. Rodrik. "Coordination failures and government policy: A model with applications to East Asia and Eastern Europe"［J］. Journal of International Economics, 2004, vol. 40, no. 1-2, pp. 1-22.

［64］S. J. Wallsten. "The effects of government-Industry R&D programs on private R&D: The case of the small business innovation research program"［J］. Rand Journal of Economics, 2000, vol. 31, no. 1, pp. 82-100.

［65］王克敏，刘静，李晓溪. 产业政策、政府支持与公司投资效率

研究［J］．管理世界，2017 年，第 3 期，第 113-124+145+188 页．

［66］孟庆玺，尹兴强，白俊．产业政策扶持激励了企业创新吗？——基于"五年规划"变更的自然实验［J］．南方经济，2016 年，第 12 期，第 1-25 页．

［67］鞠晓生，卢获，虞义华．融资约束、营运资本管理与企业创新可持续性［J］．经济研究，2013 年，第 1 期，第 4-16 页．

［68］安同良，周绍东，皮建才．R&D 补贴对中国企业自主创新的激励效应［J］．经济研究，2009 年，第 10 期，第 87-97 页．

［69］J. R. Brown, and B. C. Petersen. "Cash holdings and R&D smoothing" ［J］. Journal of Corporate Finance, 2011, vol. 17, no. 3, pp. 694-709.

［70］吴延兵．企业规模、市场力量与创新：一个文献综述［J］．经济研究，2007 年，第 5 期，第 125-138 页．

［71］聂辉华，谭松涛，王宇锋．创新、企业规模和市场竞争：基于中国企业层面的面板数据分析［J］．世界经济，2008 年，第 7 期，第 57-66 页．

［72］C. Lin, P. Lin, and F. Song. "Property rights protection and corporate R&D: Evidence from China" ［J］. Journal of Development Economics, 2010, vol. 93, no. 1, pp. 49-62.

［73］解维敏，方红星．金融发展、融资约束与企业研发投资［J］．金融研究，2011 年，第 5 期，第 171-183 页．

［74］潘越，潘健平，戴亦一．公司诉讼风险、司法地方保护主义与企业创新［J］．经济研究，2015 年，第 3 期，第 131-145 页．

［75］G. Dosi, L. Marengo, and C. Pasquali. "How much should society fuel the greed of innovators? On the relations between appropriability, opportunities and rates of innovation" ［J］. Research Policy, 2006, vol. 35, no. 8, pp. 1110-1121.

［76］W. E. Steinmueller. "Economics of technology policy" ［J］. Handbook of The Economics of Innovation, 2010, vol. 2, pp. 1181-1218.

［77］杨洋，魏江，罗来军．谁在利用政府补贴进行创新？——所有制和要素市场扭曲的联合调节效应［J］．管理世界，2015 年，第 1 期，第 75-86 页．

［78］D. Czarnitzki, and G. Licht. "Additionality of public R&D grants in a transition economy"［J］. Economics of Transition, 2010, vol. 14, no. 1, pp. 101-131.

［79］李平，王春晖．政府科技资助对企业技术创新的非线性研究——基于中国 2001-2008 年省级面板数据的门槛回归分析［J］．中国软科学，2010 年，第 8 期，第 138-147 页．

［80］M. P. Feldman, M. R. Kelley. "The ex ante assessment of knowledge spillovers: Government R&D policy, economic incentives and private firm behavior"［J］. Research Policy, 2006, vol. 35, no. 10, pp. 1509-1521.

［81］李莉，高洪利，陈靖涵．中国高科技企业信贷融资的信号博弈分析［J］．经济研究，2015 年，第 6 期，第 162-174 页．

［82］P. Aghion, and P. Howitt. "A model of growth through creative destruction"［J］. Economeyrica, 1992, vol. 60, no. 2, pp. 323-351.

［83］L. G. Zucker, and M. R. Darby. "Star scientists, innovation and regional and national immigration"［M］. Social Science Electronic Publishing, 2007.

［84］张杰，郑文平，翟福昕．竞争如何影响创新：中国情景的新检验［J］．中国工业经济，2014 年，第 11 期，第 56-68 页．

［85］孔东民，刘莎莎，王亚男．市场竞争、产权与政府补贴［J］．经济研究，2013 年，第 48 卷，第 2 期，第 55-67 页．

［86］马嘉楠，翟海燕，董静．财政科技补贴及其类别对企业研发投入影响的实证研究［J］．财政研究，2018 年，第 2 期，第 77-87 页．

［87］T. Frye, and A. Shleifer. "The invisible hand and the grabbing hand"［J］. American Conomic Review, 1997, no. 87, pp. 354-358.

［88］C. Y. Lee. "The differential effects of public R&D support on firm R&D: Theory and evidence from multi-country data"［J］. Technovation,

2011, vol. 31, no. 5-6, pp. 256-269.

〔89〕 B. Holemans, and L. Sleuwaegen. "Innovation expenditures and the role of government in Belgium" 〔J〕. Research Policy, 1988, vol. 17, no. 6, pp. 375-379.

〔90〕 C. Antonelli. "A failure-inducement model of research and development expenditure: Italian evidence from the early 1980s" 〔J〕. Journal of Economic Behavior & Organization, 1989, vol 12, no. 2, pp. 159-180.

〔91〕 R. Kleer. "Government R&D subsidies as a signal for private investors" 〔J〕. Research Policy, 2010, vol. 39, no. 10, pp. 1361-1374.

〔92〕 M. Meuleman, and W. D. Maeseneire. "Do R&D subsidies affect SMEs' access to external financing?" 〔J〕. Research Policy, 2012, vol. 41, no. 3, pp. 580-591.

〔93〕 M. Almus, and D. Czarnitzki. "The effects of public R&D subsidies on firms' innovation activities" 〔J〕. Journal of Business & Economic Statistics, 2003, vol. 21, no. 2, pp. 226-236.

〔94〕 P. A. David, B. H. Hall, and A. Toole. "Is public R&D a complement or substitute for private R&D? A review of the econometric evidence" 〔J〕. Research Policy, 2000, vol. 29, no. 4, pp. 497-529.

〔95〕 刘虹，肖美凤，唐清泉. R&D 补贴对企业 R&D 支出的激励与挤出效应——基于中国上市公司数据的实证分析〔J〕. 经济管理，2012年，第 4 期，第 19-28 页.

〔96〕 B. Montmartin, and M. Herrera. "Internal and external effects of R&D subsidies and fiscal incentives: Empirical evidence using spatial dynamic panel models" 〔J〕. Research Policy, 2015, vol. 44, no. 5, pp. 1065-1079.

〔97〕 D. Guellec. "The impact of public R&D expenditure on business R&D" 〔J〕. Economics of Innovation & New Technology, vol. 12, no. 3, pp. 225-243, 2000.

〔98〕 H. Görg, and E. Strobl, "The effect of R&D subsidies on private

R&D"［J］. Economica, 2006, vol. 74, no. 294, pp. 215-234.

［99］T. H. Clausen. "Do subsidies have positive impacts on R&D and innovation activities at the firm level?"［J］. Structural Change and Economic Dynamics, 2009, vol. 20, no. 4, pp. 239-253.

［100］肖丁丁, 朱桂龙, 王静. 政府科技投入对企业 R&D 支出影响的再审视——基于分位数回归的实证研究［J］. 研究与发展管理, 2013年, 第 25 卷第 3 期, 第 25-32 页.

［101］M. Guerzoni, and E. Raiteri. "Demand-side vs. supply-side technology policies: Hidden Treatment and new empirical evidence on the policy mix"［J］. Research Policy, 2015, vol. 44, no. 3, pp. 726-747.

［102］R. Bronzini, and P. Piselli. "The impact of R&D subsidies on firm innovation"［J］. Research Policy, 2016, vol. 5, no. 2, pp. 442-457.

［103］张杰, 陈志远, 杨连星, 新夫. 中国创新补贴政策的绩效评估: 理论与证据［J］. 经济研究, 2015 年, 第 10 期, 第 4-17 页.

［104］柳光强. 税收优惠、财政补贴政策的激励效应分析——基于信息不对称理论视角的实证研究［J］. 管理世界, 2016 年, 第 10 期, 第 62-71 页.

［105］吴联生. 国有股权、税收优惠与公司税负［J］. 经济研究, 2009 年, 第 10 期, 第 109-120 页.

［106］D. Czarnitzki, P. Hanel, and J. M. Rosa. "Evaluating the impact of R&D tax credits on innovation: A microeconometric study on Canadian firms"［J］. Research Policy, 2011, vol. 40, no. 2, pp. 217-229.

［107］B. Hall, and J. V. Reenen. "How effective are fiscal incentives for R&D? A review of the evidence"［J］. Research Policy, 2000, vol. 29, no. 4-5, pp. 449-469.

［108］H. Kasahara, K. Shimotsu, and M. Suzuki. "Does an R&D tax credit affect R&D expenditure? The Japanese R&D tax credit reform in 2003"［J］. Journal of the Japanese and International Economies, 2014, no. 31, pp. 72−97.

［109］R. Baghana, and P. Mohnen. "Effectiveness of R&D tax incentives in small and large enterprises in Québec" ［J］. Small Business Economics, 2009, vol. 33, no. 1, pp. 91−107.

［110］C. H. Yang, C. H. Huang, and T. C. T. Hou. "Tax incentives and R&D activity: Firm−level evidence from Taiwan" ［J］. Research Policy, 2012, vol. 41, no. 9, pp. 1578−1588.

［111］N. Rao. "Do tax credits stimulate R&D spending? The effect of the R&D tax credit in its first decade" ［J］. Journal of Public Economics, 2016, vol. 140, pp. 1−12.

［112］陈远燕. 财政补贴、税收优惠与企业研发投入——基于非上市公司 20 万户企业的实证分析 ［J］. 税务研究, 2016 年, 第 10 期, 第 34−39 页.

［113］S. Radas, I. D. Ani c̓, A. Tafro, and V. Wagner. "The effects of public support schemes on small and medium enterprises" ［J］. Technovation, 2015, vol. 38, pp. 15−30.

［114］M. Marino, S. Lhuillery, P. Parrotta, and D. Salafe. "Additionality or crowding−out? An overall evaluation of public R&D subsidy on private R&D expenditure" ［J］. Research Policy, 2016, vol. 45, no. 9, pp. 1715−1730.

［115］Å. Cappelen, A. Raknerud, and M. Rybalka. "The effects of R&D tax credits on patenting and innovations" ［J］. Research Policy, 2012, vol. 41, no. 2, pp. 334−345.

［116］A. Dechezleprêtre, E. Einiö, R. Martin, K. T. Nguyen, and J. V. Reenen. "Do tax incentives for research increase firm innovation? An RD design for R&D" ［C］. Nber Workin Paper Series, National Bureau of Economic Research, 1050 Massachusetts Avenue Cambridge, 2016.

［117］G. Crespia, D. Giuliodori, R. Giuliodori, and A. Rodriguez. "The effectiveness of tax incentives for R&D+i in developing countries: The case of Argentina" ［J］. Research Policy, 2016, vol. 45, no. 10, pp. 2023−2035.

［118］贺康，王运陈，张立光，万丽梅．税收优惠、创新产出与创新效率——基于研发费用加计扣除政策的实证检验［J］．华东经济管理，2020年，第34卷，第1期，第37-48页．

［119］A. Shleifer. "Understanding regulation"［J］. European Financial Management, 2005, vol. 11, no. 4, pp. 439-451.

［120］樊纲，王小鲁，朱恒鹏．中国市场化指数——各地区市场化相对进程2011年报告［M］．北京：经济科学出版社，2011.

［121］陈宗胜，周云波．加速市场化进程　推进经济体制转型［J］．天津社会科学，2001年，第3期，第55-58页．

［122］崔鑫生．"一带一路"沿线国家营商环境对经济发展的影响——基于世界银行营商环境指标体系的分析［J］．北京工商大学学报（社会科学版），2020年，第35卷，第3期，第37-48页．

［123］逯东，朱丽．市场化程度、战略性新兴产业政策与企业创新［J］．产业经济研究，2018年，第2期，第65-77页．

［124］熊凯军．营商环境、政府支持与企业创新产出效率——基于技术比较优势的视角［J］．首都经济贸易大学学报，2020年，第22卷，第6期，第83-93页．

［125］C. Hsieh, and P. J. Klenow. "Misallocation and manufacturing TFP in China and India"［J］. The Quarterly Journal of Economics, 2009, vol. 124, no. 4, pp. 1403-1448.

［126］A. Dittmar, J. Mahrt-Smith, and H. Servaes. "International corporate governance and corporate cash holdings"［J］. Journal of Financial and Quantitative Analysis, 2003, vol. 38, no. 1, pp. 111-133.

［127］L. Pinkowitz, R. Stulz, and R. Williamson. "Does the contribution of corporate cash holdings and dividends to firm value depend on governance? A cross-country analysis"［J］. Journal of Finance, 2006, vol. 61, no. 6, pp. 2725-2751.

［128］L. Frésard, and C. Salva. "The value of excess cash and corporate governance：evidence from US cross-listings"［J］. Journal of Financial Economics，2010，vol. 98，no. 2，pp. 359-384.

［129］G. Roland. "Transition and economics：politics，markets and firms"［M］. Cambridge，Massachusetts . London，England：MIT Press，2000.

［130］G. H. Jefferson，T. G. Rawski，and Y. Zheng. "Growth，efficiency，and convergence in China's State and collective industry"［J］. Economic Development and Cultural Change，1992，vol. 2，pp. 239-266.

［131］王小鲁. 中国经济增长的可持续性与制度变革［J］. 经济研究，2000 年，第 7 期，第 3-15+79 页.

［132］樊纲，王小鲁，张立文. 中国各地区市场化进程 2000 年报告［J］. 国家行政学院学报，2001 年，第 3 期，第 17-27 页.

［133］樊纲，王小鲁，张立文，朱恒鹏. 中国各地区市场化相对进程报告［J］. 经济研究，2003 年，第 3 期，第 9-18+89 页.

［134］樊纲，王小鲁，朱恒鹏. 中国市场化指数——各地区市场化相对进程 2006 年报告［M］. 北京：经济科学出版社，2007.

［135］樊纲，王小鲁，朱恒鹏. 中国市场化指数——各地区市场化相对进程 2009 年报告［M］. 北京：经济科学出版社，2010.

［136］王小鲁，樊纲，余静文. 中国分省份市场化指数报告（2016）［M］. 北京：社会科学文献出版社，2017.

［137］I. Babetskii，and N. Campos. "Does reform work? An econometric examination of the reform-growth puzzle"［C］. University of Michigan Working Paper，2007.

［138］M. I. Kamien，and N. L. Schwartz. "Market structure and innovation"［M］. Cambridge：Cambridge University Press，1982.

［139］R. Blundell，R. Griffith，and J. V. Reenen. "Market share，market value and innovation in a panel of british Manufacturing Firms"［J］. Review of Economic Studies，1999，vol. 6，no. 3，pp. 529-554.

［140］C. Greenhalgha，and M. Rogers. "The value of innovation：the interaction of competition, R&D and IP" [J]. Research Policy, 2006, vol. 35, no. 4, pp. 562-580.

[141] 解维敏, 魏化情. 市场竞争、组织冗余与企业研发投入 [J]. 中国软科学, 2016 年, 第 8 期, 第 102-111 页.

[142] 贺小刚, 邓浩, 吕斐斐, 李新春. 期望落差与企业创新的动态关系——冗余资源与竞争威胁的调节效应分析 [J]. 管理科学学报, 2017 年, 第 20 卷, 第 5 期, 第 13-34 页.

[143] P. G. Gayle. "Market concentration and innovation: New empirical evidence on the schumpeterian hypothesis" [C]. Kansas State University, Department of Economics, Working Paper, 2003.

[144] F. M. Scherer. "Market structure and the employment of scientists and engineers" [J]. America Economic Review, 1967, vol. 57, no. 3, pp. 524-531.

[145] F. Allen, and D. Gale. "Corporate governance and competition [M] //X. Vives (eds), Corporate governance: Theoretical and empirical perspectives", Cambridge University Press, 2000, pp. 23-94.

[146] K. J. Arrow. "Economic welfare and the allocation of resources to invention" [M]//R. R. Nelson (ed.), The rate and direction of inventive activity: Economic and social factors, Princeton, NJ: Princeton University Press, 1962, pp. 609-626.

[147] A. B. Jaffe. "Demand and supply influences in R&D intensity and productivity growth" [J]. The Review of Economics and Statistics, 1988, vol. 70, no. 3, pp. 431-437.

[148] P. Aghion, N. Bloom, R. Blundell, R. Griffith, and P. Howitt. "Competition and innovation: An inverted-U relationship" [J]. The Quarterly Journal of Economics, 2005, vol. 120, no. 2, pp. 701-728.

[149] S. Blazsek, and A. Escribano. "Patent propensity, R&D and market competition: dynamic spillovers of innovation leaders and followers"

［J］. Journal of Econometrics，2016，vol. 191，no. 1，pp. 145-163.

［150］J. W. B. Bos，J. W. Kolari，and R. C. R. van Lamoen. "Competition and innovation：evidence from financial services"［J］. Journal of Banking & Finance，2013，vol. 37，no. 5，pp. 1590-1601.

［151］W. M. Cohen，R. C. Levin，and D. C. Mowery. "Firm size and R&D intensity：A re-examination"［J］. Journal of Industrial Economics，1987，vol. 35，no. 4，pp. 543-565.

［152］P. Dasgupta，and J. Stiglitz. "Industrial structure and the nature of innovative activity"［J］. The Economic Journal，1980，vol. 90，no. 358，pp. 266-293.

［153］J. M. Tang. "Competition and innovation behavior"［J］. Research Policy，2006，vol. 35，no. 1，pp. 68-82.

［154］G. H. Jefferson，H. M. Bai，X. J. Guan，and X. Y. Yu. "R &D performance in Chinese Industry"［J］. Economics of Innovation and New Technology，2004，vol. 15，no. 4-5，pp. 345-366.

［155］周黎安，罗凯. 企业规模与创新：来自中国省级水平的经验证据［J］. 经济学（季刊），2005 年，第 4 卷，第 3 期.

［156］陈泽聪，徐钟秀. 我国制造业技术创新效率的实证分析——兼论与市场竞争的相关性［J］. 厦门大学学报（哲学社会科学版），2006 年，第 6 期，第 122-128 页.

［157］沈坤荣，孙文杰. 市场竞争、技术溢出与内资企业 R&D 效率——基于行业层面的实证研究［J］. 管理世界，2009 年，第 1 期，第 37-48+187-188 页.

［158］何玉润，林慧婷，王茂林. 产品市场竞争、高管激励与企业创新——基于中国上市公司的经验证据［J］. 财贸经济，2015 年，第 2 期，第 125-135 页.

［159］简泽，谭利萍，吕大国，符通. 市场竞争的创造性、破坏性与技术升级［J］. 中国工业经济，2017 年，第 5 期，第 16-34 页.

［160］安同良，施浩，Alcorta. 中国制造业企业 R&D 行为模式的观测与实证——基于江苏省制造业企业问卷调查的实证分析［J］. 经济研究，2006 年，第 2 期，第 21-30+56 页.

［161］朱恒鹏. 企业规模、市场力量与民营企业创新行为［J］. 世界经济，2006 年，第 12 期，第 41-52+96 页.

［162］陈羽，李小平，白澎. 市场结构如何影响 R&D 投入？——基于中国制造业行业面板数据的实证分析［J］. 南开经济研究，2007 年，第 1 期，第 135-145 页.

［163］夏清华，黄剑. 市场竞争、政府资源配置方式与企业创新投入——中国高新技术企业的证据［J］. 经济管理，2019 年，第 8 期，第 5-20 页.

［164］郭玥. 政府创新补助的信号传递机制与企业创新［J］. 中国工业经济，2018 年，第 9 期，第 98-116 页.

［165］C. Freeman. "Technical innovation, diffusion, and long cycles of economic development"［C］. The Long - Wave Debate Conference Paper, 1987, pp. 295-309.

［166］M. E. Porter. "The competitive advantage of nations"［M］. Harvard Business Review, 1990.

［167］A. C. Pigou. "The report of the royal commission on the British Income Tax"［J］. The Quarterly Journal of Economics, 1920, vol. 34, no. 4, pp. 607-625.

［168］J. M. Keynes. "The general theory of employment, interest and money"［M］. Beijing: The Commercial Press, （First published in 1936）, 2005.

［169］F. Bator. "The anatomy of market failure"［J］. Quarterly Journal of Economics, 1958, vol. 72, no. 3, pp. 351-379.

［170］J. E. Stiglitz, C. K. Eicher, and J. M. Staatz. "Markets, market failures, and development"［J］. American Economic Review, 1989, vol. 79，no. 2，pp. 97-203.

［171］ J. E. Stiglitz. "Industiial policy，learning，and development"
［C］. The Practice of Industrial Policy Government-Business Coordination in Africa and East Asia，Unu-Wider Studies in Development Economics Working Paper，2015，pp. 23-39.

［172］ D. Rodrik. "Coordination failures and government policy：A model with applications to East Asia and Eastern Europe"［J］. Journal of International Economics，1996，vol. 40，no. 1-2，pp. 1-22.

［173］ Herbert A. Simon. "A behavioral model of rational choice"［J］，The Quarterly Journal of Economics，1955，vol. 69，no. 1，pp. 99-118.

［174］辛琳. 信息不对称理论研究［J］，嘉兴学院学报，2001年，第13卷，第3期，第36-40页.

［175］ M. Spence. "Job market signaling"［J］. The Quarterly Journal of Economics，1973，vol. 87，no. 3，pp. 355-374.

［176］ M. Spence. "Signaling in retrospect and the informational structure of markets"［J］. American Economic Review，2002，vol. 92，no. 3，pp. 434-459.

［177］ J. E. Stiglitz. "The contributions of the economics of information to Twentieth Century Economics"［J］. The Quarterly Journal of Economics，2000，vol. 115，no. 4，pp. 1441-1478.

［178］ J. S. Hughes. "Discussion of the valuation of initial public offerings"［J］. Contemporary Accounting Research，1989，no. 5，pp. 519-525.

［179］ E. Talmor. "Asymmetric information，signaling，and optimal corporate financial decisions"［J］. Journal of Financial and Quantitative Analysis，1981，vol. 16，no. 4，pp. 413-435.

［180］谢江林，何宜庆，陈涛. 中小高新技术企业 R&D 信息披露的信号传递模型研究［J］. 科技进步与对策，2009年，第26卷，第7期，第83-86页.

［181］ B. L. Connelly，S. T. Certo，R. D. Ireland，and C. R. Reutzel.

"Signaling theory: A review and assessment" [J]. Journal of Management, 2010, vol. 37, no. 1, pp. 39-67.

[182] 郑莹, 陈传明, 任华亮. 专利活动和市场价值——基于信号理论的解释 [J]. 科学学与科学技术管理, 2016 年, 第 37 卷, 第 3 期, 第 68-78 页.

[183] 冯飞鹏. 产业政策、创新与股票收益敏感性——基于信号理论视角的考察 [J]. 现代经济探讨, 2018 年, 第 5 期, 第 46-53 页.

[184] L. Bach. "Are small businesses worthy of financial aid? Evidence from a french targeted credit program" [J]. Review of Finance, 2014, vol. 18, no. 3, pp. 877-919.

[185] I. Ansoff. "Corporate strategy" [M]. MeGawr Hill, New York, 1965.

[186] E. Freeman. "Strategic management: A stakeholder approach" [M]. Boston, Pitman Publishing, 1984.

[187] 周亚虹, 蒲余路, 陈诗一, 方芳. 政府扶持与新型产业发展——以新能源为例 [J]. 经济研究, 2015 年, 第 6 期, 第 147-161 页.

[188] 唐清泉, 罗党论. 政府补贴动机及其效果的实证研究——来自中国上市公司的经验证据 [J]. 金融研究, 2007 年, 第 6 期, 第 149-163 页.

[189] 潘越, 戴亦一, 李财喜. 政治关联与财务困境公司的政府补助——来自中国 ST 公司的经验证据 [J]. 南开管理评论, 2009 年, 第 12 卷, 第 5 期, 第 6-17 页.

[190] 陈强. 高级计量经济学及 Stata 应用（第二版）[M]. 北京: 高等教育出版社, 2014.

[191] C. M. Judd, and D. A. Kenny. "Process analysis: Estimating mediation in Treatment evaluat ions" [J]. Evaluation Review, 1981, vol. 5, no. 5, pp. 602-619.

[192] R. M. Baron, and D. A. Kenny. "The moderator-mediator variable distinction in social psychological research: Conceptual, strategic, and statistical considerations" [J]. Journal of Personality and Social Psychology, 1986, vol. 51,

no. 6, pp. 1173-1182.

〔193〕温忠麟, 张雷, 侯杰泰, 刘红云. 中介效应检验程序及其应用〔J〕. 心理学报, 2004 年, 第 36 卷第 5 期, 第 614-620 页.

〔194〕D. P. MacKinnon, C. M. Lockwood, J. M. Hoffman, S. G. West, and V. Sheets. "A comparison of methods to test mediati on and other intervening variable ef fects"〔J〕. Psychological Methods, 2002, vol. 7, no. 1, pp. 83-104.

〔195〕M. E. Sobel. "Asymptotic confidence intervals for indirect effects in structural equation models"〔J〕. Sociological Methodology. Washington. DC: American Sociological Association, 1982, no. 13, pp. 290-312.

〔196〕R. Hausmann, and D. Rodrik. "Economic development as self-discovery"〔J〕. Journal of Development Economics, 2003, vol. 72, no. 2, pp. 603-633.

〔197〕J. T. Scott. "Firm versus industry variability in R&D intensity"〔M〕. Chicago: University of Chicago Press, 1984.

〔198〕G. Dominique, and B. V. Pottlesberghe. "The impact of public R&D expenditure on bussiness R&D"〔C〕. OECD Working Paper, 2000.

〔199〕孙早, 宋炜. 企业 R&D 投入对产业创新绩效的影响——来自中国制造业的经验证据〔J〕. 数量经济技术经济研究, 2012 年, 第 4 期, 第 49-63 页.

〔200〕P. Cunningham, A. Gök, and P. Laredo. "The impact of direct support to R&D and innovation in firms"〔C〕. Nesta Working Paper, 2013, no. 13/03.

〔201〕OECD. "Tax incentives for R&D and innovation in OECD"〔R〕. Science, Technology, 2014.

〔202〕EC DGRI. "Tax incentives for R&D are also used by other advanced and emerging economies such as Brazil, China, India and South Africa"〔R〕. EC DGRI, 2017.

［203］K. J. McKenzie, and N. Sershun. "Taxation and R&D. An investigation of the push and the pull effects" ［J］. Canadian Public Policy, 2010, no. 36, pp. 307-324.

［204］A. Cappelen, E. Fjaerli, F. Foyn, T. Haegeland, J. Moen, A. Raknerud, and M. Rybalka. "Evaluation of the norwegian R&D tax credit scheme" ［J］. Journal of Technology Management & Innovation, 2010, vol. 5, no. 3.

［205］曹平, 王桂军. 选择性产业政策、企业创新与创新生存时间——来自中国工业企业数据的经验证据 ［J］. 产业经济研究, 2018年, 第4期, 第26-39页.

［206］林洲钰, 林汉川, 邓兴华. 所得税改革与中国企业技术创新 ［J］. 中国工业经济, 2013年, 第3期, 第111-123页.

［207］M. L. Cropper, and W. E. Oates. "Environmental economics, a survey" ［J］. Journal of Economic Literature, 1992, vol. 30, no. 2, pp. 675-740.

［208］T. P. Mamuneas, and M. Nadiri. "Public R&D policies and cost behavior of the US manufacturing industries" ［J］. Journal of Public Economics, 1996, vol. 63, no. 1, pp. 57-81.

［209］K. J. Klassen, J. A. Pittman, and M. P. Reed. "A cross-national comparison of R&D expenditure decisions, tax incentives and financial constraints" ［J］. Contemporary Accounting Research, 2004, vol. 21, no. 3, pp. 639-680.

［210］J. Schmookler. "Invention and economic growth" ［M］. Harvard University Press, Cambridge, 1966.

［211］F. M. Scherer. "Demand-pull and technological invention: Schmookler revisited" ［J］. Journal of Industriul Economics, 1982, no. 30, pp. 225-237.

［212］A. Pakes, and M. Schankeman. "The rate of obsolescence of patents, research gestation lags, and the private rate of return of research resource"［M］. Z. Griliches（ed.）, Vol. R&D, patents and productivity, Chicago: The University of Chicago Press, 1984, pp. 73-88.

［213］S. Poncet, W. Steingress, and H. Vandenbussche. "Financial constraints in China: Firm－level evidence"［J］. China Economic Review, 2010, vol. 21, no. 3, pp. 411-422.

［214］刘迎秋，徐志祥. 中国民营企业竞争力报告 NO. 3——自主创新与竞争力指数［M］. 北京：社会科学文献出版社, 2006.

［215］吕一博，苏敬勤. 中国系统集成企业的技术能力成长研究［J］. 管理科学, 2007 年，第 20 卷，第 3 期，第 23-30 页.

［216］P. Aghion, C. Harris, P. Howitt, and J. Vickers. "Competition, imitation and growth with step-by-step innovation"［J］. Review of Economic Studies, 2001, vol. 68, no. 3, pp. 467-492.

［217］白明，李国璋. 市场竞争与创新：熊彼特假说及其实证检验［J］. 中国软科学, 2006 年，第 11 期，第 15-21 页.

［218］谭周令. 产业政策激励与中国制造业企业自主创新——来自于中国 A 股上市公司的证据［J］. 当代经济科学, 2017 年，第 39 卷，第 3 期，第 59-65+126 页.

［219］X. H. Liu, I. R. Hodgkinson, and F. M. Chuang. "Foreign competition, domestic knowledge base and innovation activities: Evidence from Chinese high－tech industries"［J］. Research Policy, 2014, vol. 43, no. 2, pp. 414-422.

［220］R. W. Vossen. "Market power, industrial concentration and innovative activity"［J］. Review of Industrial Organization, 1999, vol. 15, no. 4, pp. 367-378.

［221］L. F. Gu. "Product market competition, R&D investment, and stock returns"［J］. Journal of Financial Economics, 2016, vol. 119, no. 2, pp. 441-455.

［222］范子英，彭飞，刘冲．政治关联与经济增长——基于卫星灯光数据的研究［J］．经济研究，2016年，第1期，第114-126页。

［223］刘江会，唐东波．财产性收入差距、市场化程度与经济增长的关系——基于城乡间的比较分析［J］．数量经济技术经济研究，2010年，第27卷，第4期，第20-33页．

［224］李增泉，刘凤委，于旭辉．制度环境、控制权私利与流通权价值——来自我国上市公司股权分置改革的证据［J］．会计与经济研究，2012年，第1期，第24-39页．

［225］周方伟，杨继东．市场化进程改善了政府配置资源的效率吗——基于工业用地出让的经验研究［J］．经济理论与经济管理，2020年，第2期，第24-39页．

［226］刘虹，肖美凤，唐清泉．R&D补贴对企业R&D支出的激励与挤出效应——基于中国上市公司数据的实证分析［J］．经济管理，2012年，第34卷，第4期，第19-28页．

［227］康志勇．融资约束、政府支持与中国本土企业研发投入［J］．南开管理评论，2013年，第16卷，第5期，第61-70页．

［228］李汇东，唐跃军，左晶晶．用自己的钱还是用别人的钱创新？——基于中国上市公司融资结构与公司创新的研究［J］．金融研究，2013年，第2期，第170-183页．

［229］张济建，苏慧，王培．产品市场竞争、机构投资者持股与企业R&D投入关系研究［J］．管理评论，2017年，第29卷，第11期，第89-97页．

［230］刘鑫，薛有志．CEO继任、业绩偏离度和公司研发投入——基于战略变革方向的视角［J］．南开管理评论，2015年，第3期，第34-47页．

［231］B. H. Hall, and D. Harhoff. "Recent research on the economics of patents" [J]. Annual Rview of Economics, 2012, vol. 4, no. 1, pp. 541-565.

［232］Y. Tan, X. Tian, C. Zhang, and H. Zhao. "Privatization and innovation: evidence from a quasi - natural experiment in China" [D]. Kelley School of Business Research Paper, 2014.

[233] T. W. Tong, W. He, Z. L. He, and J. Y. Lu. "Patent regime shift and firm innovation: Evidence from the second amendment to China's Patent Law" [J]. In Academy of Management Proceedings, 2014 (1): 141-174.

[234] 周煊,程立茹,王皓. 技术创新水平越高企业财务绩效越好吗? ——基于16年中国制药上市公司专利申请数据的实证研究 [J]. 金融研究, 2012 年,第 8 期,第 166-179 页.

[235] Z. Griliches, B. H. Hall, and A. Pakes. "R&D, patents, and market value revisited: Is there a second techno logical opportunity factor?" [J]. Economics of Innovation and New Technology, 1991, vol. 10, pp. 183-201.

[236] F. M. Scherer. "The propensity to patent" [J]. International Journal of Industrial Organization, 1983, vol. 1, pp. 107-128.

[237] Z. J. Acs, and D. B. Audretsch. "Patents as a measure of innovative activity" [J]. Kyklos, 1989, vol. 42, no. 2, pp. 171-80.

[238] Z. Griliches. "Patent statistics as economic indicators: A survey" [J]. Journal of Economic Literature, 1990, no. 12, pp. 16-61.

[239] 唐恒,张垒,李军,基于面板数据的专利与科技进步关联性研究 [J]. 科研管理, 2011 年,第 1 期,第 147-152+168 页.

[240] H. Ernst. "Patent applications and subsequent changes of performance: Evidence from time-series cross-section analyses on the firm level" [J]. Research Policy, 2001, vol. 30, pp. 143-157.

[241] 祝继高,陆峣,岳衡. 银行关联董事能有效发挥监督职能吗? ——基于产业政策的分析视角 [J]. 管理世界, 2015 年,第 7 期,第 143-157 页.

[242] 储德银,纪凡,杨珊. 财政补贴、税收优惠与战略性新兴产业专利产出 [J]. 税务研究, 2017 年,第 4 期,第 99-104 页.

[243] T. Shevlin. "Taxes and off balance-sheet financing: Research and

development limited partnerships"〔J〕．Accounting Review，1987，no. 62，pp. 480-509.

〔244〕吴文峰，吴冲锋，芮萌．中国上市公司高管的政府背景与税收优惠〔J〕．管理世界，2009年，第3期，第134-142页．

〔245〕马伟红．税收激励与政府资助对企业R&D投入影响的实证研究——基于上市高新技术企业的面板数据〔J〕．科技进步与对策，2011年，第28卷，第17期，第111-114页．

〔246〕郑春美，李佩．政府补助与税收优惠对企业创新绩效的影响——基于创业板高新技术企业的实证研究〔J〕．科技进步与对策，2015年，第32卷，第16期，第83-87页．

〔247〕方军雄．市场化进程与资本配置效率的改善〔J〕．经济研究，2006年，第5期，第50-61页．

〔248〕党文娟，张宗益，康继军．创新环境对促进我国区域创新能力的影响〔J〕．中国软科学，2008年，第3期，第52-57页．

〔249〕冯宗宪，王青，侯晓辉．政府投入、市场化程度与中国工业企业的技术创新效率〔J〕．数量经济技术经济研究，2011年，第4期，第3-17+33页．

〔250〕戴魁早，刘友金．市场化进程对创新效率的影响及行业差异——基于中国高技术产业的实证检验〔J〕．财经研究，2013年，第39卷，第5期，第4-16页．

〔251〕杨兴全，张丽平，吴昊旻．市场化进程、管理层权力与公司现金持有〔J〕．南开管理评论，第17卷，第2期，第34-45页，2014.

〔252〕孙早，刘李华，孙亚政．市场化程度、地方保护主义与R&D的溢出效应——来自中国工业的经验证据〔J〕．管理世界，2014年，第8期，第78-89页．

〔253〕J. R. Kale，and Y. C. Loon. "Product market power and stock market liquidity"〔J〕．Joumal of Financial Markets，2011，vol. 14，no. 2，pp. 376-410.

［254］许罡，朱卫东．金融化方式、市场竞争与研发投资挤占——来自非金融上市公司的经验证据［J］．科学学研究，2017 年，第 35 卷，第 5 期，第 709-719+728 页．

［255］姜付秀，黄磊，张敏．产品市场竞争、公司治理与代理成本［J］．世界经济，2009 年，第 10 期，第 46-59 页．

［256］邢立全，陈汉文．产品市场竞争、竞争地位与审计收费——基于代理成本与经营风险的双重考量［J］．审计研究，2013 年，第 3 期，第 50-58 页．

［257］鞠晓生，卢荻，虞义华．融资约束、营运资本管理与企业创新可持续性［J］．经济研究，2013 年，第 48 卷，第 1 期，第 4-16 页．

［258］毕晓方，翟淑萍，姜宝强．政府补贴、财务冗余对高新技术企业双元创新的影响［J］．会计研究，2017 年．第 1 期，第 46-52 页．

［259］冯飞．企业技术创新活动中影响 R&D 行为的几个基本因［J］．中国软科学，1995，第 10 期，第 120-124 页．

［260］方大春，张凡，芮明杰．我国高新技术产业创新效率及其影响因素实证研究——基于面板数据随机前沿模型［J］．科技管理研究，2016 年，第 7 期，第 66-75 页．

［261］汪晓春．企业创新投资决策的资本结构条件［J］．中国工业经济，2002 年，第 10 期，第 89-95 页．

［262］C. Alex, and R. Rao. "Firm growth and R&D expenditure"［J］. Economics of Innovation and New Technology, 2010, vol. 19, no. 2, pp. 127-145.

［263］祝继高，陆正飞．货币政策、企业成长与现金持有水平变化［J］．管理世界，2009 年，第 3 期，第 152-158+188 页．

［264］王任飞．企业 R&D 支出的内部影响因素研究——基于中国电子信息百强企业之实证［J］．科学学研究，2005 年，第 2 期，第 225-231 页．

［265］P. M. Lee. "Ownership structures and R&D investments of U. S. and Japanese firms: Agency and stewardship perspectives"［J］. Academy of Management Journal, 2003, vol. 46, no . 2, pp. 212-225.

［266］X. Liu, W. Xiao, and X. Huang. "Bounded entrepreneurship and internationalisation of indigenous Chinese private-owned firms"［J］. International Business Review, 2008, vol. 17, pp. 488-508.

［267］J. Child, and D. K. Tse. "Chinas transition and its implications for international business"［J］. Journal of International Business Studies, 2001, vol. 32, pp. 5-21.

［268］林毅夫, 刘培林. 自生能力和国企改革［J］. 经济研究, 2001 年, 第 9 期, 第 60-70 页.

［269］陆正飞, 祝继高, 樊铮. 银根紧缩、信贷歧视与民营上市公司投资者利益损失［J］. 金融研究, 2009 年, 第 8 期, 第 124-136 页.

［270］刘伟. 中国高技术产业的技术创新影响因素: 基于面板数据模型的实证检验［J］. 数学的实践与认识, 2010 年, 第 40 卷, 第 22 期, 第 62-70 页.

［271］高宏伟. 政府补贴对大型国有企业研发的挤出效应研究［J］. 中国科技论坛, 2011 年, 第 8 期, 第 15-20 页.

［272］李玲, 陶厚永. 纵容之手、引导之手与企业自主创新——基于股权性质分组的经验证据［J］. 南开管理评论, 2013 年, 第 16 卷, 第 3 期, 第 69-79+88 页.

［273］张娜, 杨秀云, 李小光. 我国高技术产业技术创新影响因素分析［J］. 经济问题探索, 2015 年, 第 1 期, 第 30-35 页.

［274］M. T. Hannan, and J. Freeman. "Structural inertia and organizational change"［J］. American Sociological Review, 1984, vol. 49, pp. 149-164.

［275］C. C. Phelps. "Technological exploration: A longitudinal study of the role of recombinatory search and social capital in alliance networks"［J］. Academy of Management Journal, 2010, vol. 53, no. 4, pp. 890-913.

［276］D. N. Barron, E. West, and M. T. Hannan. "A time to grow and a time to die：Growth and mortality of credit unions in New York City，1914—1990"［J］. American Journal of Sociology，1994，vol. 100，pp. 381-421.

［277］刘波，李志生，王泓力. 现金流不确定性与企业创新［J］. 经济研究，2017 年，第 3 期，第 166-180 页.

［278］李莉，于嘉懿，赵梅，顾春霞. 管理防御视角下的国企创新——基于国企高管"作为""不作为"的探讨［J］. 科学学与科学技术管理，2018 年，第 39 卷，第 3 期，第 106-121 页.

［279］古志辉，马百超. 创新失败如何影响企业的新增研发投入？［J］. 管理评论，2020 年，第 32 卷，第 9 期，第 79-96 页.

［280］马连福，高塬，秦鹤. 企业双元创新路径选择研究——基于资本配置效率的视角［J］. 科学学与科学技术管理，2019，第 40 卷第 8 期，第 18-32 页.

［281］M. Lipton，and J. A. Lorsch. "Modest proposal for improved corporate govemance"［J］. Business Lawyer，1992，no. 1，pp. 59-77.

［282］D. Yermack. "Higher valuation of companies with a small board of directors"［J］. Journal of Financial Economics，1996，no. 40，pp. 185-212.

［283］李常青，赖建清. 董事会特征影响公司绩效吗？［J］. 金融研究，2004 年，第 5 期，第 64-77 页.

［284］马连福，张琦，王丽丽. 董事会网络位置与企业技术创新投入：基于技术密集型上市公司的研究［J］. 科学学与科学技术管理，2016 年，第 37 卷，第 4 期，第 126-136 页.

［285］N. Vafeas. "Board meeting frequency and firm performance"［J］. Journal of Financial Economics，1999，no. 53，pp. 113-142.

［286］姚晓林，李井林，梁雯. 技术内部董事、财务冗余与研发投资：来自中国高新技术企业的经验证据［J］. 科学决策，2018 年，第 6 期，第 21-40 页.

［287］Z. He，and M. B. Wintoki. "The cost of innovation：R&D and high cash holdings in US firms"［J］. Journal of Corporate Finance，2016， no. 41，pp. 280-303.

［288］马连福，冯慧群 . 董事会资本对公司治理水平的影响效应研究 [J] . 南开管理评论，2014 年，第 17 卷，第 2 期，第 46-55 页 .

［289］J. McConnell，and H. Servaes. "Additional evidaice on equity ownership and corporate value" [J]．Journal of Financial Economics，1990，no. 27，pp. 595-612.

［290］X. N Xu，and W. Yan. "Ownership structure and corporate governance in Chinese stock companies" [J]．China Economic Riview，1999，no. 10，pp. 5-98.

［291］D. Q. Qi，W. Woody，and H. Zhang. "Shareholding structure and corporate perfonnance of partially privatized firms：Evidence frcxn listed Chinese companies" [J]．Pacific-Basin Finance Journal，2000，no. 8，pp. 587-610.

［292］徐向艺，王俊韦 . 股权结构与公司治理绩效实证分析 [J] . 中国工业经济，2005 年，第 6 期，第 112-119 页 .

［293］朱斌，李路路 . 政府补助与民营企业研发投入 [J] . 社会，2014 年，第 4 期，第 165-186 页 .

［294］周开国，卢允之，杨海生 . 融资约束、创新能力与企业协同创新 [J] . 经济研究，2017 年，第 7 期，第 94-108 页 .

［295］N. Eissa，and J. B. Liebman. "Labor supply response to the earned income tax credit" [J]．The Quarterly Journal of Economics，1996，vol11，no. 2，pp. 605-637.

［296］周黎安，陈烨 . 中国农村税费改革的政策效果：基于双重差分模型的估计 [J] . 经济研究，2005，第 8 期，第 44-53 页 .

［297］M. Baker，and J. Gruber et al.. "Universal child care，maternal labor supply and family well - being" [J]．Journal of Political Economy，2008，vol. 116，no. 4，pp. 709-745.

［298］周晓艳，汪德华，李钧鹏 . 新型农村合作医疗对中国农村居民储蓄行为影响的实证分析 [J] . 经济科学，2011 年，第 2 期，第 63-76 页 .

［299］唐为，王媛．行政区划调整与人口城市化：来自撤县设区的经验证据［J］．经济研究，2015年，第50卷，第9期，第72-85页．

［300］郑新业、王晗、赵益卓．"省直管县"能促进经济增长吗？——双重差分方法［J］．管理世界，2011年，第8期，第34-65页．

［301］关健，段澄梦．CEO变更与盈余管理 基于PSM和DID方法的分析［J］．华东经济管理，2017年，第31卷，第1期，第126-135页．

［302］陈林，伍海军．国内双重差分法的研究现状与潜在问题［J］．数量经济技术经济研究，2015年，第7期，第133-148页．

［303］P. Topalova. "Factor immobility and regional impacts of trade liberalization: Evidence on poverty from India"［J］. American Economic Journal: Applied Economics, 2010, vol. 2, no. 4, pp. 1-41.

［304］樊纲，王小鲁，马光荣．中国市场化进程对经济增长的贡献［J］．经济研究，2011年，第9期，第4-16页．

［305］白俊，孟庆玺．地方政府干扰了货币政策的有效性吗［J］．经济学家，2015，第9期，第59-69页．

［306］B. Powell. "State development planning: Did it create an east asian miracle?"［J］. The Review of Austrian Economics, 2005, vol. 18, no. 3, pp. 305-323.

［307］张曙光．市场主导与政府诱导——评林毅夫的《新结构经济学》［J］．经济学（季刊），2013，第3期，第1079-1084页．

［308］F. Allen, J. Qian, and M. Qian. "Law, finance, and economic growth in China"［J］. Journal of Financial Economics, 2005, vol. 77, no. 1, pp. 57-116.

［309］A. Shleifer, and R. Vishny. "Politicians and firms"［J］. The Quarterly Journal of Economics, 1994, vol. 109, no. 4, pp. 995-1025.

［310］程华．直接资助与税收优惠促进企业R&D比较研究［J］．中国科技论坛，2006年，第3期，第56-59页．

［311］唐清泉，卢珊珊，李懿东．企业成为创新主体与R&D补贴的

政府角色定位［J］.中国软科学，2008年，第6期，第88-98页.

［312］朱云欢，张明喜.我国财政补贴对企业研发影响的经验分析［J］.经济经纬，2010年，第5期，第77-81页.

［313］OECD. "Main definitions and conventions for the measurement of research and experimental development"［R］. Report of OECD Corporate Governance, 1994, no. 4, pp. 256-260.

［314］P. A. David, and B. H. Hall. "Heart of darkness: Modeling public-private funding interactions inside the R&D black box"［J］. Research Policy, 2000, vol. 29, no. 9, pp. 1165-1183.

［315］李春成.信息不对称下政治代理人的问题行为分析［J］.学术界，2000年，第3期，第31-44页.

［316］王小霞.全国统一大市场加快"协同"创新和"整体"升级［N］.中国经济时报，2022年4月19日，第001版.

［317］于蔚，汪淼军，金祥荣.政治关联和融资约束：信息效应与资源效应［J］.经济研究，2012年，第9期，第125-139页.

［318］白重恩，路江涌，陶志刚.中国私营企业银行贷款的经验研究［J］.经济学，2005年，第4卷，第3期，第605-622页.

［319］A. Young. "The razor's edge: Distortions and incremental reform in the People's Republic of China "［J］. Quarterly Journal of Economics, 2000, vol. 115, no. 4, pp. 1901-1135.

［320］刘志彪，孔令池.从分割走向整合：推进国内统一大市场建设的阻力与对策［J］.中国工业经济，2021年，第8期，第20-36页.

［321］OECD. "Competitive neutrality and state-owned enterprises: Challenges and policy options"［R］. Report of OECD, 2015.

［322］张一武.中国竞争中立的新内涵——以"十三五"规划为视角［J］.中国价格监管与反垄断，2019年，第7期，第34-37页.

［323］陈朴，林垚，刘凯.全国统一大市场建设、资源配置效率与中国经济增长［J］.经济研究，2021年，第6期，第40-57页.